윤혜신의 맛있는 저염밥상

중앙books

봄 여름 가을 겨울

슴슴하게

삼삼하게

간간하게

달달하게

제철 재료로

만드는

건강한 레시피

짜지 않아도 이렇게나 맛있는

윤혜신의 맛있는 저염밥상

들어가면서

저는 시골에서 밥장사를 하는 사람입니다.

장사만 하는 게 아니고 요리도 직접 하는 주방장이니 요즘 많이 하는 말로 오너셰프입니다.

밥집을 하기 전에는 도시에서 나름 잘나가던 요리선생이었고요, 대학교에서 요리를 가르치기도 했어요. 그 전에는 두 아이를 둔 가정주부로 온전히 살림을 했지요. 남편이 장남이라 집안의 크고 작은 일이 있을 때마다 집에서 손수 음식을 해야 했는데, 그것도 자주 하다 보니까 솜씨가 늘어서 종종 칭찬을 받는 맏며느리이자 전업주부였습니다.

혼인하기 전에는 그냥 어머니와 할머니가 해주시는 밥을 잘 먹는 평범한 딸이었습니다. 아니, 평범하진 않았던 것 같네요. 음식 간을 잘 보고 맛있는 것을 골라 먹을 줄 아는 식탐이 좀 있었다고나 할까요. 밥맛이 나쁘거나 반찬이 별 볼 일 없으면 곧잘 밥투정을 부리는 정도의.

학창시절엔 집에 놀러온 친구들에게 주전부리를 직접 만들어 주곤 했는데 인기가 꽤 좋았어요. 찐 감자를 으깨서 양념을 하기도 했고 떡볶이에 색다른 재료를 넣어서 시쳇말로 퓨전떡볶이를 만들기도 하고요, 과일을 넣은 비빔국수를 만들어 주기도 했어요. 평범한 재료로 색다른 요리 만들기를 즐겼다고나 할까요. 지금 생각해보면 싹수가 좀 있었던 게죠. 요리사로서의 재주 말이에요. 아주 어린아이 때에는 연년생인 남동생에게 엄마 젖을 안 빼앗기려고 악착같이 젖을 물고 안 놔줬다는 얘기도 들었지요. 기억은 전혀 안 나지만요.

암튼 저는 먹는 것도 음식을
만드는 것도 모두 즐기는 타고난
요리사임에는 분명한 것 같습니다.
사실 요리사가 장래 희망은
아니었지만 살다 보니 돌아 돌아
오랜 시간 흐른 뒤에 제 자리를 잘
찾은 느낌이에요. 자기 식당에서
직접 만든 요리를 파니 좋으냐고요?
어려운 질문입니다. 솔직히 말하면
좋을 때도 있고 안 좋을 때도 있어요.
정성껏 만든 음식을 기분 좋게
맛있게 드시고 가면서 칭찬을 하시면
참 좋이요. 보람도 있고요.

그런데 사람 입맛이 다 각각이고 느끼는 것도 다 각각이라서요. 다 만족을 하는 건 아니지요. 음식 맛이 별로라는 분부터 음식이 생각보다 소박하지 않다는 분도 있고요, 음식을 하나하나 꼬집어 평가하시는 음식비평가도 있어요. 저도 저희 집 음식 내리 한 사흘만 먹으면 질려요. 똑같은 음식은 질리기 마련이죠. 아무리 천하의 진시황이 먹던 산해진미라 하더라도요. 그렇게 말씀하시는 손님들이 다 섭섭한 건 아니에요. 그러려니 한답니다.

제가 처음에 밥집을 열 때는 정성껏 맛있게만 만들면 되지 싶었어요. 그래서 이문이 조금 남아도 좋은 재료를 쓰고, 양념을 아끼지 않고, 정직하게, 열심히, 요리를 했습니다. 그리고 별의별 요리를 다 만들었어요. 제철에 나는 좋은 재료를 써서 진수성찬을 차렸어요. 매달 나오는 음식 잡지를 참고하기도 하고 인터넷 사이트를 뒤지기도 하고 유명한 요리사들의 요리책을 사서 읽으면서 조금씩 변형시켜 만들어보기도 했어요.

그러다가 번뜩 어떤 영감이 떠오르면 제 방식대로 새로운 요리를 만들기도 했지요. 그렇게 고심하여 만든 요리가 반응이 좋을 때도 있고 별다른 반응이 없을 때도 있었지요. 아무리 건강에 좋고 음식궁합이 찰떡이라 해도 손님의 입에 들어가시 않는 요리는 사라지게 마련입니다. 그렇게 몇 년 동안 음식을 새롭게 만들고 전하면서 제 주방장 시절이 흘러갔습니다.

그러면서 음식에 대한 제 생각들이 조금씩 변하게 되었어요. 처음에 요리를 배우고 할 때는 '좋은 재료로 더 맛있게'였는데, 시간이 조금 더 지난 뒤에는 '좋은 재료로 더 맛있고 멋있게'로 변했고, 그 다음엔 '좋은 제철 재료로 더 영양 있고 건강하게'로 바뀌었어요.

참살이와 건강한 삶에 대한 관심도 깊어졌지요. 아무리 맛있어도 건강에 유익하지 않은 것이라면, 몸에 이롭지 못한 것이라면, 다 쓸데없다는 생각에서요. 많은 분들에게 유기농 식품을 이야기하고 저도 되도록이면 그런 재료를 구하려고 노력을 했어요. 봄부터 가을까지는 텃밭에서 직접 재배한 유기농 채소를 쓰기도 합니다.

그러던 어느 날이었어요. 저희 집에 오신 나이 드신 할머니 한 분이 식사를 하시고 돌아가시면서 제 손을 꼭 잡고, 좋은 음식 먹게 해줘서 고맙다고 인사를 하셨어요. 저도 고마워서 감사하다고 그랬지요. 그 할머니 손은 평생 밭일을 하신 농투성이의 투박하고 갈라진 손이었어요. 할머니는 "세상에서 제일 맛난 밥은 '쌔 빠지게' 일한 다음에 먹는 밥이여!" 하시면서 빙그레 웃으셨지요.

세상에서 제일 맛난 밥!

저는 다시 한 번 음식이란 무엇인가 생각하게 되었어요.

내가 살기 위해 어떤 음식들이 필요한 것일까요? 그토록 많은, 맛있는 음식들이 다 필요한 것일까요? 저는 요리사이기 때문에 장안에 유명한 밥집들을 섭렵하며 먹어보고 다닙니다. 어떤 집이 유명하다 하면 그 집 밥맛은 어떨까 하고 맛보러 다녀요. 유명한 셰프가 있는 밥집은 꼭 가보지요.

그런데요, 그 유명하고 맛있다는 찬사를 받는 집의 음식들은 며칠 지나면 하나도 생각나지 않는 거예요. 한 번 맛본 걸로 족하고 또 먹고 싶단 생각이 안 들어요. 제 기억 속에 남아서 그리움으로 전해지는 음식들은 추운 겨울날에 후배 한나가 끓여주었던 보리차와 군고구마, 저희 직원 소빙 씨가 아침 일찍 일어나 차려준 현미밥과 나물 반찬, 친구 은지가 끓여준 배추된장국, 엄마가 끓여주신 콩나물김칫국, 할머니가 지져주셨던 늙은호박찌개. 슴슴한 나물들과 거친 밥. 그것만으로도 저는 얼마든지 충분하거든요.
음식은 맛있어서 먹는 것, 그것을 넘어서는 차원이 있어요. 그것은 살기 위해서이고, 살기 위해서 먹으려면 농투성이 할머님처럼 '쌔'가 빠지게 일을 해야 하고, 그리고 감사하면서 먹어야 해요. 그 음식들은 나와 이웃의 생명을 살리는 귀한 양식이니까요.

저는 매일 아침 주방에 들어서면서 그것을 잊지 않으려고 노력합니다.

음식이란

내가 살기 위해 먹는 영양이지요.

내 생명을 지키기 위해

다른 생명을 먹는 행위지요.

남을 먹고

내가 살아가는 힘을 얻는

소중한 일이지요.

남의 생명이

나를 살리는

아름다운

먹이사슬이지요.

음식은

맛있어서 먹는 것,

그것을 넘어서는 차원이 있어요.

여름에 나는 걸 겨울에 먹고…

가을에 나는 걸 봄에 먹고…

우리, 그러지 말고요.

제 땅에서 제철에 난 자연스러운 음식,

내 입에 참 좋은 음식,

내 몸에 참 좋은 음식,

우리의 생명을 살리는

착하고 순한 음식 먹으면서

담백하게 맛나게 살아요.

제철에 나오는 것들끼리는

　　　　　　안 봐도 궁합이 착착!

자,

사계절을 담은

맛있는 저염밥상 차리러 갑니다.

목차

**맛있는
저염밥상
기본기**

윤혜신의 저염밥상 기본원칙 46
저염식 요리하는 노하우 48
저염식 익숙해지는 노하우 50
윤혜신의 저염식 맛내기 비법 52
갖춰둬야 할 요리도구 68

01 싱그럽고 산뜻한.
봄의. 저염밥상.

01. 그대와 함께 나누고픈 밥상 / 74
더덕들깨구이+달래차돌박이무침
+죽순꼴뚜기밥+봄나물샐러드

02. 봄을 가득 느낄 수 있는 밥상 / 82
미나리청포묵무침+주꾸미마늘종볶음
+쑥갓조기찜+우엉밥

03. 일 년을 기다려 차리는 밥상 / 90
죽순해물냉채+부추조개전
+봄나물죽+우엉조림

04. 봄에 태어난 당신을 위한 생일상 / 98
두릅초밥+보리쌀전+소라무침
+우엉양념구이

05. 평범한 어느 봄날의 저녁상 / 104
봄동무침+조개미역국
+연근전+잔멸치밥

06. 화창한 오후에 어울리는 점심 / 110
조개감자수프+양배추찜밥
+새우해초무침

07. 봄나들이에 딱 좋은 도시락 / 116
새우젓볶음밥+어채
+마늘종무침

08. 소박하지만 기억에 남는 손님상 / 122
연근사태찜+케일쌈밥
+도라지잣무침

09. 삼삼하고 달달한 봄날의 브런치 / 128
쑥콩설기+발효액차

10. 봄내음이 살랑이는 아침상 / 132
마구이와 꿀+쑥미숫가루

11. 나른한 봄날 오후 4시의 티타임 / 136
바나나케이크+송화밀수

02 간간하고 시원한, 여름의. 저염밥상.

01. 날마다 신선하게 초간단 여름밥상 / 142
강된장채소비빔밥+토마토두부냉채
+상추나물

02. 더워야 물렀거라 특식 / 148
서리태콩국수+오이선

03. 파이팅 채소들의 힘찬 응원의 밥상 / 154
풋고추잡채+미역된장냉국
+채소전+당근샐러드

04. 기운 없는 날 입맛 돋우는 분식 / 160
애호박전+열무비빔국수
+당근초무침

목차 39

05. 땀 흘리지 않아도 되는 보양식 / 166
닭겨자냉채+가지밥

06. 한여름 아주 소박한 만찬 / 170
노각나물+피망닭고기볶음+보리밥
+머윗대들깨볶음+양파김치

07. 친구를 부르고 싶은 주말 점심 / 178
냉메밀국수+풋고추튀김+열무무침
+저염채소장아찌

08. 산뜻함을 채워주는 채식밥상 / 184
감자밥+양배추겉절이
+오이토마토무침

09. 여름을 붙잡고 싶어지는 식탁 / 188
호박만두+우뭇가사리깻국탕

10. 온 가족 둘러앉아
알콩달콩 먹는 건강식 / 194
우럭매운탕+수박나물+꽈리고추멸치볶음
+쑥갓두부무침

11. 동글동글 시원한 디톡스 간식 / 200
감자경단+오이백소박이

03
달곰삼삼 넉넉한.
가을의. 저염밥상.

01. 마음까지 순해지는 순한 가정식 / 206
토란곤약찜+고구마순무침
+목이버섯샐러드+오곡죽

02. 가을의 대표 식재료로 차린 밥상 / 212
표고버섯찜+묵탕+무나물생채
+단호박찜

03. 달큰하고 시원한 평일의 밥상 / 220
배추찜+구근찜+콩장

04. 그리움과 추억으로 먹는 점심 / 226
고등어얼갈이조림+깻잎나물
+무선+버섯들깨탕

**05. 아이도 어른도 모두
좋아하는 건강식단 / 232**
닭가슴살카레조림+배추샐러드
+콩나물밥+오이지무침

06. 코스요리 못지않은 한상차림 / 238
편육과일냉채+채식육개장
+맛탕

**07. 맛도 달달 맘도 달달
가을의 티타임 / 244**
밤설기+대추차

08. 뻔한 재료 뻔하지 않은 상차림 / 248
오징어통구이+멸치무조림
+연근밥

09. 뜨끈한 국물이 있는 저녁상 / 254
황태두부전골국+매저구이의 피무침
+고춧잎나물+멸치무침

10. 수라상 안 부러운 손님상 / 260
닭찜+간장비빔국수+늙은호박전
+연근우엉냉채

**11. 어느 늦은 가을날
기분 좋은 간식 / 268**
육자약식+수정과

04

슴슴하고 따스한.
겨울의. 저염밥상.

01. 길고 깊은 겨울밤을 위한 밥상 / 274
팥죽+메밀전병+장김치
+시금치겉절이

02. 새해를 맞는 색다른 상차림 / 282
미나리편육냉채+오징어만두
+매생이굴떡국

03. 단아하고 깔끔한 세트 메뉴 / 288
홍합버섯죽+코다리양념구이
+생미역초말이+언두부볶음

04. 솜씨 뽐낼 수 있는 손님상 / 296
굴무밥+족편+톳나물두부무침
+팽이버섯전

**05. 어르신 오시는 날
칭찬 받는 상차림** / 302
섭산적구이+비지탕+청국장+풋마늘무침

**06. 남녀노소 다같이 즐기는
서양식 만찬** / 308
소고기채소수프+시금치라자냐
+구운채소샐러드+당근케이크

07. 바깥 음식 당기는 날을 위한 별미 / 316
호박오가리떡볶이+된장짜장면
+닭안심구이+두부찜

08. 겨울의 끝자락에 차리는 밥상 / 324
호박범벅+보리새우지짐+시래기들깨찜
+뚝배기달걀찜

05 매일매일 맛있는.
사계절. 저염밥상.

01. 사계절 반찬 / 332
땅콩조림+생미역초무침
막김치+콜라비깍두기
달걀말이+두부조림
생선조림
버섯불고기+돼지두루치기
소고기무국+김치찌개+배추된장국
매운탕+조개탕

02. 봄나물 / 346
돌나물+숙주나물
+미나리나물+참나물

03. 여름나물 / 348
오이나물+얼갈이나물
+가지나물+애호박나물

04. 가을나물 / 350
무나물+느타리버섯나물
+콩나물+도라지나물

05. 겨울나물 / 352
호박고지나물+시래기나물
+고사리나물+시금치나물

06. 선물용 음식 / 354
잼(포도잼+딸기잼+귤잼+키위잼)
떡갈비+무말랭이무 침ㅣ김정아씨+상소림
말랭이(묵밀랭이+부말랭이+호박고지
+곶감+고구마말랭이)

들어가면서 16
일러두기 70
찾아보기 360
판권 362

저염밥상·기본기·
맛있는·

요즘 많은 매스컴과 의사와 식품 전공자들이

저염식, 저염식 외쳐대죠.

저염식이 건강에 좋은 음식이라고들 합니다.

정확하게 말하면 저염식보다는, 저나트륨식이 맞지요.

소금 속에는 80% 이상 나트륨이 있고

다른 여러 가지, 우리 몸에 꼭 필요한 미네랄도 들어 있어요.

사실 나트륨도 알고 보면

우리 몸을 구성하는 필수미네랄이니까 꼭 필요하지요.

하지만 너무 많이 먹었을 때

우리 몸속의 균형을 잃게 하여 건강을 해치게 되지요.

그래서 나트륨을 줄여 먹자는 말이 나오는 것이지요.

그래서 이 책에서는

생활 속에서 좋은 소금을 적당히 섭취하고

나트륨을 줄여가며 몸의 밸런스를 되찾는

건강하고 맛있는 저염식의 방법을 알려드리려고 합니다.

윤혜신의
저염밥상 기본원칙

저염밥상? 어렵지 않아요! 다음의 몇 가지 원칙을 지키면서 요리를 한다면 한두 달 만에 저염요리를 습득하고 맛도 익숙해져서 건강을 지킬 수 있답니다. 우선 나트륨 과잉 섭취의 원인이 되는 음식부터 저염식으로 바꾸는 게 중요해요. 특히 염장요리인 김치와 장류를 저염식으로 확 바꿔요.

**01
저염장을
이용하세요**

한국요리의 기본양념인 장류. 하지만 이것 역시 너무 짠 것이 흠이지요. 저염간장, 저염된장, 저염고추장… 이렇게 집에 저염장을 구비해 두세요. 일반장으로 저염식을 만들려면 양을 적게 써야 하니 분량을 가늠하기 어렵지만, 저염장을 이용하면 양도 평소대로 넣을 수 있어 편리하고 감칠맛과 구수함을 더 살릴 수가 있어요. → 집에서 저염장 만들기 레시피는 p.54~55

저염장 TIP
저염장이라고 해서 음식에 듬뿍 넣어 기존 간으로 맞추면 나트륨을 고스란히 섭취하는 셈이 돼요. 어떤 요리든 레시피의 분량대로 저염장을 넣어야 합니다. 불고기 600g에 진간장 3큰술인 레시피라면, 저염간장 3큰술로 대체해야 저염식을 만들 수 있지요.

**02
저염김치를
담그세요**

한국인의 나트륨 섭취 경로 1위가 바로 김치라고 해요. 김치의 유산균이 몸에 좋은 것은 사실이지만 먹는 만큼 나트륨 섭취량 또한 높아지는 것이 문제지요. 김치 먹는 양을 되도록 줄여 가고, 반드시 저염으로 간을 해서 담그세요. 소금이 적게 들어가면 장기간 보관하기 어려우니 조금씩 자주 담가 먹어요.
→ 저염김치 레시피는 p.334~335

저염김치 TIP
오래 두고 먹는다고 생각하지 말고, 그때그때 겉절이로 만들어 먹으면 소금 양도 줄어들고 재료의 맛도 더욱 살릴 수 있어요. 마늘, 생강, 고춧가루 등 맛과 향이 강한 채소를 넉넉히 넣으면 잘 무르지도 않고 싱거워도 맛있게 먹을 수 있어요.
1. 저염김치 절임물 비율 : 1포기당 물 5컵(1ℓ), 소금 3~4큰술 정도
2. 1~2주 내 다 먹을 수 있는 분량으로 만드세요.
3. 소금 양을 줄이고 마늘, 생강, 고춧가루 등 향신채를 넉넉히 넣으세요.

김장김치 TIP

김장김치는 장기간 보관을 목적으로 하기 때문에 겉절이보다 소금 양이 많아질 수밖에 없지요. 저염식을 위해서는 김치는 싱겁게, 조금씩, 자주 담가 먹는 것이 가장 좋으니 김장김치는 그리 권할 만하지는 않아요. 김장김치를 꼭 담가야 한다면, 가능한 한 양을 적게 해서 얼른 드시는 게 좋고요. 소금 양을 평소보다 줄이는 대신 산초, 제피 같은 향신료와 조개껍데기를 넣으면 김치가 무르거나 시어지는 속도를 늦출 수 있어요.

**03
화학조미료에서
천연조미료로
바꿔요**

화학조미료는 몸에 나쁘다, 아니 괜찮다… 여기저기 말들이 많지만, 일단 이것만 기억하자고요. 화학조미료에는 상당히 많은 양의 나트륨이 들어있답니다. 그것만으로도 멀리할 이유가 충분합니다. 화학조미료 대신 맛국물과 천연조미료를 이용하면 맛은 더 좋아지고 결과적으로 나트륨은 조금만 먹게 되지요. → 천연조미료&맛국물 레시피는 p.56, 58~59

**04
소금보다는
장으로 간을 하세요**

저는 간을 소금보다는 전통장을 기본으로 해요. 간장, 된장, 고추장으로 간을 하면 소금으로 간을 했을 때보다 덜 짜면서 맛과 영양분은 높아지죠. 게다가 우리 장은 발효식품이라 몸에도 이롭거든요. 모든 요리에 소금은 되도록 조금 사용하고 장으로 간을 맞춰보세요.

**05
짠맛 이외의 맛을
부각시키세요**

짜지 않되 심심하지 않고 맛있는 저염식을 만드는 방법! 그 포인트가 여기에 있습니다. 저염식을 하다 보면 싱거워서 입맛을 잃을 수 있어요. 하지만 짠맛을 줄이는 대신 새콤한 맛, 달콤한 맛, 매콤한 맛, 고소한 맛 등을 부각시키면 얼마든지 맛있는 음식을 만들 수 있답니다. 짠맛이 아닌 다른 맛을 즐기게 되면 저염식에 금방 익숙해질 거예요.

**06
무조건 싱싱한
재료를 고르세요**

저염식을 하려면 그 무엇보다 재료의 신선도가 중요해요. 싱싱한 재료는 그 자체만으로도 맛이 나니까요. 싱싱한 제철 재료와 과일을 적절하게 잘 쓴다면 간이 약간 싱거워도 맛나게 먹을 수 있지요.

**07
백색식품을
멀리하세요**

저염식을 할 때는 백색식품을 멀리해야 해요. 제가 말하는 '백색식품'이란 10가지가 넘는 공정을 거쳐 완전히 정제되어서 '맑고 투명해진' 색을 띠는 식품을 말한답니다. 영양가는 없고 칼로리만 있는 정크식품인 거죠. 흰 소금(정제염), 흰 설탕, 흰 쌀, 흰 밀가루, 정제유(콩기름·옥수수기름), 화학조미료 등을 쓰지 않으면 자연스럽게 폭식을 막고 나트륨 섭취도 줄일 수 있어요.

저염식
요리하는 노하우

쉬운 듯 어려운 저염요리. 심심하게 간을 한다고 하긴 했는데, 자기도 모르는 새 '고염요리'가 뚝딱 만들어져 있는 경우가 적지 않지요. 짠맛은 수습하기도 참 어렵죠. 찌개가 짜서 물을 들이붓다가 어느 사이 한 솥 가득 국이 돼버리는 경우도 허다합니다. 자, 이렇게 해보세요.

01
여러 번에 걸쳐 간을 맞추세요

한 번에 간을 맞추려고 하면 음식이 짜게 되기 쉬워요. 양념을 조금씩 여러 번으로 나눠 넣으면서 간을 하세요. 조금씩 간을 보면서 양념을 넣으면 입도 간에 서서히 익숙해져서 비율을 잘 맞출 수 있게 되지요. 된장국 등 국, 찌개류는 다 끓이고 나면 처음보다 맛이 짜지니까, 처음엔 '좀 싱겁다' 하는 느낌으로 간을 맞추는 게 좋아요. 또한 뜨거울 때 간을 보면 혀의 감각이 무뎌져 있어 정확한 간을 가늠하기 어려워요. 국, 찌개 등의 간은 어느 정도 식었을 때 정확히 맞추도록 하세요.

02
장을 먼저, 소금을 그 다음에 넣으세요

간장, 된장, 고추장을 기본으로 간을 하면 감칠맛 때문에 음식이 더 맛있게 느껴져요. 장을 먼저 조금 넣어 간을 하고, 부족한 간은 소금으로 맞추세요. 국의 경우, 간장으로 우선 색을 내고 나머지 부족한 간은 소금으로 맞추면 딱 좋아요.

03
짜게 되면 이렇게 수습하세요

신경 쓴다고 썼는데도 음식이 짜게 되는 경우가 있지요. 그렇다고 애써 만든 음식을 다 버릴 수도 없고… 이럴 땐 두부, 감자, 무를 취향대로 넣어보세요. 두부, 감자, 무는 자체의 맛이 특별히 없어서 어떤 음식하고도 잘 어울리고 짠맛을 중화시키지요. 짠맛을 감추느라 설탕을 넣는 분들이 많은데, 결과적으로 너무 자극적인 요리가 되어버리니 금물!

04
조금씩 만들어 냉장보관 하세요

저염요리의 단점은 염분이 적어 오래 보관할 수 없다는 것이죠. 하지만 그렇기 때문에 늘 싱싱한 요리를 먹을 수 있으니, 저는 장점이라고 생각해요. 염장하는 김치나 된장을 싱겁게 만들면 기존 방식보다 오래 보관할 수 없어요. 그러니까 조금씩 자주 만들어 먹어야 하고 늘 냉장보관해야 합니다.

05
말린 음식을 즐기세요

싱거우면 빨리 상하기 마련이죠. 그러니 일단, 무엇이든 오래 보관할 생각은 버리세요. 하지만 비교적 길게 보관을 해두고 먹어야 할 음식들이 있지요. 말린 음식이 대표적인데, 볕을 받고 건조된 채소들에는 비타민D와 그 밖에 많은 무기질이 생겨납니다. 요즘엔 가정용 전기 건조기가 유행이긴 합니다만 햇볕을 쐬며 말린 것과는 영양이 다르지요. 볕 좋은 날에 빛과 바람으로 말린 재료들이 훨씬 건강에 이로워요.

06
초절임, 당절임 하세요

초절임과 당절임도 저장 방법이 되지요. 피클이나 장아찌를 식초 넣어 새콤하게 담고 설탕에 재워놓으면 저염이어도 오래 보관할 수 있어요. 발효액도 다 이런 당절임에 포함되지요. 제철 과일을 설탕에 조려놓고 조금씩 먹는 것도 좋아요. 잼이 대표적인데, 집에서 직접 만들어두고 냉장보관해서 먹으면 첨가물이 안 들어가서 좋지요. 조금만 부지런을 떨면 몸에 좋은 건강식을 싸고 안전하게 먹을 수 있습니다.

07
현미와 잡곡으로 밥을 하세요

저염식을 할 때는 가능하면 현미와 잡곡으로 밥을 지으세요. 저염식은 밥 그 자체의 맛을 즐기는 것도 중요하거든요. 흰 쌀밥은 싱겁지만 잡곡과 현미는 씹을수록 감칠맛과 특유의 간을 느낄 수 있어서 저염식을 할 때 꼭 권장하고 싶어요.

08
장보는 방법도 중요해요

장을 볼 때는 신선식품 매장으로 가서 제철 재료들을 먹을 만큼만 구입하세요. 과일, 생선, 해물, 육류 등을 사나흘 치만 구입하고요. 가공식품 근처에는 아예 안 가는 것도 방법입니다. 가공식품은 100이면 200이 짜기 마련이죠. 아니면 조미료 범벅이거나 식품첨가물 투성이거나.

되도록 봉지에 든 것, 깡통에 든 것, 캔에 든 것, 유리병에 든 것은 사지 마세요. 그럼 살 게 아무것도 없다고요? 맞습니다. 살 것이 없으니 사지 마세요. 가공품은 '저염의 적'이라고 생각하시면 됩니다. 예전에 우리 어머니, 할머니들이 그러셨듯이 장바구니에 오늘 내일 먹을 만큼만 신선한 재료를 채워오세요. 그게 저염식의 출발입니다.

저염식
익숙해지는 노하우

요즘 저염식 해야 한다는 걸 모르는 사람은 없을 거예요. 나트륨 과잉이 각종 질병을 유발한다는 건 이제 설명이 필요 없을 정도지요. 다만 싱거운 맛, 아니 짜지 않은 맛이 익숙하지 않아서 못할 뿐이죠. 짠 음식 먹는 식습관에 길들어 있는 혀가 변화에 적응하려면 시간이 좀 필요하긴 합니다.

01
3개월 정도
적응 기간을 두세요

짠맛에 길들어 있으면 맛을 감지하는 혀의 '미뢰'가 짠맛을 '맛있는 맛'으로 받아들여요. 그래서 음식이 싱거우면 '맛이 없다'고 생각하게 되는 것이지요. 즉 혀가 둔해져 있는 상태라고 할 수 있어요.
저염식에 적응하는 기간은 개인에 따라 차이가 있는데, 빠르면 며칠만에 적응하는 사람도 있고요, 일반적으로는 3개월 정도가 걸려요. 조급해하지 말고 자신의 상황에 맞게 서서히 입맛을 길들이는 게 중요해요. 음식을 싱겁게 먹는 습관을 들이면 혀의 미뢰가 예민해지기 때문에 재료 본연의 맛과 '짠맛 이외의 맛'을 잘 감지하게 돼서 음식의 맛을 더 다채롭게 즐길 수 있게 된답니다.

02
식사 전에 생과일,
생채소를 드세요

자극적인 맛에 길들어 있는 사람이 갑자기 간을 확 내린 음식을 먹으면 맛이 없을 수밖에 없어요. 싱거운 맛을 거부감 없이 먹고 싶다면 식사 전에 생과일과 생채소, 혹은 찐 채소를 '간 없이' 조금만 드셔보세요. 그러면 소금기 없는 맛이 자연스럽게 식사로 연결되어 저염요리가 싱겁지 않게 느껴진답니다.

03
**소스는 섞지 말고
찍어 드세요**

무심코 섞어 먹고 뿌려 먹는 소스와 곁들임장(초장, 쌈장 등). 이 안에도 염분이 만만치 않아요. 덕분에 은연중에 많은 나트륨을 섭취하게 되지요. 소스와 곁들임장은 되도록 먹지 않는 것이 좋아요. 음식 자체의 간을 슴슴하게 맞춰 그냥 먹는 습관을 들이세요. 하지만 너무 심심하다면 가능한 한 저염드레싱과 저염장을 만들어 먹도록 하고, 뿌리거나 섞지 말고 조금씩 찍어 먹는 것이 좋아요. → 저염쌈장&저염드레싱 레시피는 p.55, 63

04
**나트륨 배출 재료를
넣으세요**

저염요리가 너무 싱거워서 도저히 못 먹겠다면, 혹은 좀 더 적극적으로 저염식을 해보고 싶다면, 나트륨을 배출하는 효과가 있는 식재료를 많이 넣어보세요. 재료 자체가 가진 성질로 자연스럽게 나트륨을 빼주니 일거양득이죠. 바나나, 감자, 단호박, 양파, 부추, 신선한 해조류, 고구마, 양배추, 시금치 등은 몸속에 있는 나트륨을 배출시키는 역할을 한답니다.

05
**때로는
자극적으로 먹어요**

가끔은 저염요리가 지겹거나 자극적인 맛이 그리워질 수 있어요. 그럴 땐 강한 향신료(생강, 계피, 바질, 오레가노, 카레, 팔각, 고수, 미나리, 부추, 달래, 쑥갓, 갓 등)를 이용해서 입맛을 살려주세요. 진한 맛과 향 덕분에 색다르고 맛난 요리를 즐길 수 있답니다. 질리지 않고 저염식을 계속 이어나갈 수도 있고요.

06
**반찬보다 밥을
많이 드세요**

밥이 보약이란 말이 있듯이 밥만 잘 챙겨 먹어도 필요한 영양의 90%는 섭취할 수 있어요. 하지만 여기서 말하는 밥은 흰 쌀밥이 아니라 현미밥, 잡곡밥이라는 것이 포인트! 사실 요즘은 밥보단 반찬을 많이 먹는 추세인데요, 이렇게 하면 나트륨 과잉이 되기 쉬워요. 현미나 잡곡밥을 70%, 기타 반찬을 30% 정도만 먹는 게 소화에도 좋고 나트륨 섭취도 줄이고 영양 면에서도 더 좋아요.

07
**국이나 찌개는
건더기 위주로 드세요**

한국의 식문화 특성상 우리 밥상에 찌개와 국이 빠질 수 없지요. 하지만 나트륨의 대부분은 국물에 포함돼 있으니 국이나 찌개를 먹을 때 되도록 국물은 적게 먹고, 건더기 위주로 드세요.

윤혜신의
저염식 맛내기 비법

누구나 쉽게 따라할 수 있는 저염식 맛내기 비법을 알려드릴게요. 슴슴하니 짜지 않으면서도 간이 잘 맞다고 많은 분들이 칭찬해주시는 제 요리에는 몇 가지 '평범하면서도 특별한' 비밀이 숨겨져 있습니다.

비법 1. 질 좋은 국산 천일염

저염식이라고 해서 소금이 아예 안 들어가는 것은 아니에요. 다만 질 좋은 소금을 '최소한의 양'만 쓰는 것이 중요합니다. 저는 소금은 천일염만 사용해요. 저염식을 하려면 천일염에 길들여져야 합니다.

정제염 대신 천일염

천일염은 바닷물을 바람과 햇빛으로 증발시켜 만든 소금을 말합니다. 이에 반해 정제염(맛소금, 꽃소금 등)은 바닷물을 전기분해하여 만들지요. 정제염(나트륨 함량 약 99%)에 비해 천일염(나트륨 함량 약 80%)이 염도가 낮고 각종 미네랄이 들어 있어 영양 면에서 더 우수하지요. 20%의 미네랄이 감칠맛을 더해 인공조미료에서는 나오지 않는 오묘한 맛을 이끌어냅니다. 정제염에 비해 살짝 싱거운 그 자리를 여러 가지 미네랄이 신비롭게 채우는 것이지요. 그래서 저는 인공조미료를 쓰지 않는 대신 좋은 천일염을 씁니다.

외국산 소금보다 국산 소금

요즘 프랑스 천일염 등 외국산 소금도 인기인데, 사실 미네랄 함량은 우리 천일염이 최고예요. 게다가 수입품은 무척 비싸지요. 우리나라 천일염이 가격 대비 가장 우수한 소금이랍니다. 단, 천일염이라고 해도 정제염에 비해 나트륨이 적고 영양이 많다는 것일 뿐이지, 천일염 역시 대부분 나트륨으로 구성되니까 많이 쓰면 안 되지요. 최소한의 양만을 쓰는 것이 중요합니다.

식품 자체의 나트륨 기억하기

나트륨은 꼭 소금에만 든 것은 아니에요. 자연 재료 자체에도 들어 있고, 글루타민산나트륨 같은 화학조미료 안에도 들어갑니다. 그러니 식품을 통해 기본적으로 나트륨을 섭취하고 있다는 사실을 기억하고, 의식적으로 소금과 화학조미료를 줄이려는 노력을 게을리 하지 말아야 해요.

천일염
모든 음식에 두루 쓸 수 있는데, 입자가 다소 굵어서 장이나 김치 담글 때 특히 좋아요. 정제염에 비해 조금 검은빛이 돌지요.

볶은 소금
천일염을 고온에서 구워서 불순물을 제거한 소금이에요. 일반적인 천일염보다 짠맛이 덜 하고 좀 더 감칠맛이 돌아서 반찬이나 요리할 때 쓰면 좋아요.

추천 제품

오천년 갯벌의 신비함을 담은 1등 천일염
오천년의 신비 명품천일염

- CJ만의 특허받은 공정으로 천일염 고유의 미네랄을 보존했습니다.
  * 미네랄 손실 방지 등에 대한 특허 등록 (천일염의 제조 방법, 등록번호: 101147914)
- 전라남도 신안군 청정해역에서만 채염. 6단계 공정으로 까다롭게 만들어 깨끗합니다.
- 일반 소금보다 미네랄이 풍부해 특유의 부드러운 짠맛이 음식 본연의 맛을 살려줍니다.
- 굵은 입자는 절임용으로, 중간 입자와 가는 입자는 일반 요리용으로 활용하세요.

비법 2 집에서 간단히 만든 저염장

짜지 않으면서 맛깔스러운 저염요리를 만들려면 저염장을 이용해야 해요. 저는 일반 간으로 장을 담근 후 장이 익으면 삶은 콩이나 맛국물 등을 섞어요. 그러면 염도는 반으로 줄고 감칠맛이 나는 저염장이 되지요. 누구나 쉽게 저염장을 만들 수 있어요.

기본장(일반장) 담그기

메주 1말(6kg), 물 18ℓ(90컵), 소금 4.6kg(냉면사발 4½그릇 정도), 마른 고추 5개, 대추 5~10알, 참나무숯 3개

1. 잘 뜬 메주를 깨끗한 물에 씻어서 볕에 한나절 말리세요.
2. 장 담그기 하루 전날에 물과 소금을 섞어 소금물을 타놓으세요.
3. 소독한 항아리에 메주를 담고 소금물을 깨끗이 걸러 부으세요.
4. 숯에 불을 붙여 항아리에 넣고 마른 고추와 대추를 띄우세요.
5. 45~50일 지나 장 가르기를 합니다.

· 간장 : 항아리에서 메주를 건진 후 남은 소금물을 체에 밭친 후 항아리에 따로 담아 두세요. 이것이 시간이 지나면 간장이 됩니다. 달이지 않고 그대로 숙성시킨 간장이 더 좋지만, 간장이 변할 것이 염려된다면 간장 담그고 한 달 후에 약한 불로 달이세요.
· 된장 : 항아리에서 건진 메주에 간장물(4ℓ정도)을 넣고 치댄 후 항아리에 다시 담고 위에 소금을 살짝 뿌려두세요. 두 달 지난 다음부터 먹을 수 있고, 6개월 지나면 딱 맛있게 먹을 수 있어요.

TIP 고추장은 집에서 담기는 조금 어려우니 레시피를 생략합니다.

저염고추장　저염쌈장
저염간장　저염된장

저염장 만들기

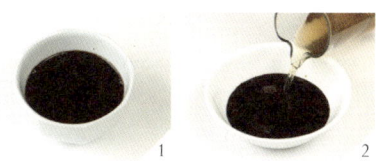

저염간장 만들기

2~3달 냉장보관 분량 일반 간장 5컵 + 다시마국물 5컵(p.58)

1. 일반 간장(조선간장)을 준비하세요.
2. 간장과 다시마국물을 고루 섞고 냉장보관하며 드세요.

TIP 다시마국물을 만들 때 표고, 생강, 마늘, 대파, 양파 등을 넣으면 더욱 좋아요.

TIP 다시마국물을 따로 끓인 후 식혀서 간장과 섞어야 해요. 두 가지를 섞어서 끓이면 간장 속 미생물과 효소 등이 모두 죽기 때문에 간장은 끓이지 않고, 식힌 다시마국물과 섞어 씁니다. → 다시마국물 레시피는 p.58

저염된장 만들기

2달 냉장보관 분량 일반 된장 1kg(냉면사발 한 그릇 정도), 천연조미료가루 ½컵(p.56 중 선택), 삶은 메주콩 1kg

1. 일반 된장을 준비하세요.
2. 메주콩을 씻어 냄비에 물을 넉넉히 붓고 무르게 삶은 후 믹서에 갈아 주세요.
3. 된장과 메주콩 간 것, 천연조미료가루를 고루 섞으세요.

TIP 너무 뻑뻑하면 콩 삶은 물을 2컵 넣어 섞으세요.

저염고추장 만들기

2달 냉장보관 분량 고추장 1kg(냉면사발 한 그릇 정도), 고구마 1kg(4~5개)

1. 일반 고추장을 준비하세요.
2. 고구마를 삶은 후 으깨세요.
3. 고추장과 으깬 고구마를 고루 섞으세요.

TIP 고구마 대신 단호박을 이용해도 좋아요.

TIP 고구마 대신 삶은 감자나 단호박, 또는 바나나를 으깨어 넣어보세요.

저염쌈장 만들기

1주일 냉장보관 분량 저염된장 500g(국그릇 하나 정도), 저염고추장 500g(국그릇 하나 정도), 두부 200g(반 모), 양파 1개, 대파 1대, 풋고추 5개, 다진 마늘 2큰술, 다시마멸치국물 2컵(p.58)

1. 저염된장과 저염고추장을 준비하세요.
2. 두부는 으깨고 양파와 대파, 풋고추는 다지세요.
3. 저염된장과 저염고추장, 다시마멸치국물, 나머지 재료들을 고루 섞으세요.

TIP 쌈채소와 익힌 채소를 먹을 때 조금씩 덜어 드세요.

TIP 장류에는 살아있는 미생물이 많습니다. 되도록 열을 가하지 않고 먹는 것이 좋아요.

비법 3 감칠맛을 내는 천연조미료

천연재료를 갈아 조미료로 쓰는 게 처음에는 좀 번거로울 수도 있지만 그 자연스러운 감칠맛을 깨닫고 나면 그 맛에 반해 계속 쓸 수밖에 없을 거예요. 천연조미료는 종류가 무궁무진한데, 그중에 제가 주로 쓰는 것들을 소개합니다.

천연조미료 야무지게 활용하기

1. 천연조미료는 산패가 쉬우니 2주 정도 먹을 분량만 만들어 얼른 먹고 다시 만드세요.
2. 천연조미료 1컵 = 4인 가족 기준 1주일 먹는 분량
3. 보관 기간 : 실온 1주일, 냉장 2주일, 냉동 3개월
4. 넣는 양 : 된장찌개 2인분 기준 2큰술 정도

> **TIP** 취향에 따라 더 넣어도 무방하지만, 양념이 주재료의 맛을 덮어버리면 안 되니까 너무 많이 넣지는 마세요. 멸치, 다시마 등 재료 자체에 이미 간이 되어 있으니 천연조미료를 듬뿍 넣었을 때에는 다른 간을 조금 덜어주세요.

5. 믹스 조미료 : 멸치가루, 표고가루, 다시마가루를 각각 8:1:1 비율로 섞어 조미료통에 넣어두고 쓰면 편리해요. 대부분의 음식에 두루 쓸 수 있어요.
6. 멸치, 표고, 다시마가루는 감칠맛과 향을 내고, 들깨가루는 고소한 맛을 낸다는 걸 기억하면 활용하기 쉬워요.

다시마가루
다시마를 꼭 짠 젖은 면보로 닦은 뒤 볕에 바싹 말려 믹서에 곱게 갈아요.

> **TIP** 다시마는 끓이면 끈적끈적한 물질이 나오므로 맑은 국물요리에는 쓰지 않고, 된장국이나 찌개처럼 농도가 있는 요리에 씁니다. 나물 무칠 때도 조금씩 넣으면 맛이 좋아요.

멸치가루
멸치를 중간 것으로 준비해서 머리와 내장을 빼고 볕에 바싹 말린 후 믹서에 곱게 갈아요. 멸치가 볕에서 충분히 마르지 않았다면, 마른 팬에서 약불에 10분 정도 볶아 사용하세요.

> **TIP** 찌개, 국 등에 고루 쓰입니다.

표고가루
잘 말린 표고버섯을 면보로 겉먼지를 닦고 볕에 바싹 말린 후 믹서에 곱게 갈아요.

> **TIP** 나물, 찜, 찌개 등에 넣으면 향이 아주 좋아요.

들깨가루
껍질을 벗긴 통들깨를 분쇄기에 곱게 갈아요.

> **TIP** 국물이 걸쭉한 찌개에 주로 써요. 생선탕 끓일 때 넣으면 비린맛을 없애고 나물 무칠 때 넣으면 고소한 맛을 내지요. 들기름 대신 들깨가루를 넣어도 고소해요.

비법 4 심심함을 없애주는 식초

식초의 기분 좋은 신맛은 저염요리의 심심함을 커버해주는 데 즉효입니다. 새콤한 맛의 묘미에 눈을 뜨면 짭짤한 맛은 그리 재미없게 느껴질 거예요. 합성식초 말고 천연발효식초를 쓰면 몸에 좋은 영양분과 미네랄도 가득 섭취할 수 있지요.
채소나 과일을 씻을 때 식초물에 5분 정도 담갔다가 헹궈내면 농약 걱정도 사라지지요.

현미식초
맛과 향이 무난해 가장 활용도가 높아요. 나물이나 샐러드에 두루 쓸 수 있어요.

감식초
향이 강하고 신맛이 특히 도드라지지요. 물에 희석해 타 먹어도 좋고요, 드레싱에 넣어도 일품이에요.

발사믹식초
포도를 숙성시켜 만든 식초로 서양식 샐러드 드레싱에 주로 쓰지요.

과일식초
맛이 부드럽고 달아서 여러 요리에 고루 쓸 수 있어요. 생선회나 무침요리에 특히 좋아요.

비법 5 숨은 차이를 만드는 맛국물

여러 가지 요리에 두루 쓸 수 있는 맛국물 레시피를 소개합니다. 맛국물만 잘 만들어도 음식의 맛이 확연히 달라지지요. 아래 레시피는 2-4인 기준 1회 분량이에요. 냉장으로는 3일, 냉동으로는 1달 정도 보관할 수 있어요.

다시마멸치국물
물 5컵(1ℓ) + 다시마 1쪽(10×10cm)
+ 국물용 멸치 15마리 + 생강 1톨

찬물에 다시마와 멸치를 넣고 20분 정도 둔 후 불에 올리고, 끓기 시작하면 다시마를 건져내세요. 멸치는 끓기 시작한 후 10분 정도 더 있다가 건지세요.

- TIP 된장국, 찌개, 김치 등 감칠맛과 구수한 맛이 어울리는 요리나 해산물이 들어가는 요리에 특히 잘 어울려요.
- TIP 멸치나 디포리, 북어 대가리 등은 국물을 내기 전에 마른 팬에 살짝 볶아서 사용하면 비린내가 나지 않아요.

다시마멸치국물

다시마국물
물 5컵(1ℓ) + 다시마 1쪽(10×10cm)

찬물에 다시마를 넣고 15~30분 정도 넣어 두었다가 불에 올려 끓기 시작하면 다시마를 건지세요.

- TIP 나물, 찌개 등에 넣으면 조미료 없이도 감칠맛을 내고 맛이 부드러워져요.

채소국물

다시마국물

고기국물

고기국물
물 5컵(1ℓ) + 소고기(양지나 사태) 300g (세 줌 정도)
+ 대파 1대 + 생강 1톨 + 양파 ½개

고기를 찬물에 1~2시간 정도 담가 핏물을 말끔히 뺀 후 헹구세요. 찬물에 고기와 각 채소들을 넣고 약한 불에서 뭉근히 40분 정도 끓이세요. 떠오르는 거품과 기름기를 걷어낸 후 쓰세요.

 나물이나 찜요리에 특히 잘 어울려요.

채소국물
물 5컵(1ℓ) + 양파(껍질째) ½개 + 당근 ½개
+ 표고버섯 3장 + 대파 (뿌리째) 1대
+ 우엉 한 도막(10cm 정도) + 생강 1톨
+ 양배추 100g(¼개 정도)

찬물에 모든 재료를 큼직하게 썰어 넣고 약한 불에서 20~30분가량 푹 끓인 다음 건더기는 건지고 국물만 쓰세요. 살짝 맛이 달면서도 깔끔해서 좋아요.

오디발효액

매실발효액

오미자발효액

쑥발효액

산야초발효액

비법 6 자연스러운 단맛을 내는 발효액

저는 발효액을 담가두었다가 요리에 조금씩 넣어요. 자연스러운 단맛과 감칠맛을 내고 고기와 생선의 잡냄새를 없애주지요. 단백질을 응고시키는 효과가 있기 때문에 생선조림 할 때 넣으면 살이 단단해지고 색도 고와져요. 김치 담글 때 넣으면 숙성을 도와주기 때문에 더욱 맛있는 김치가 만들어지고요.

발효액 만들기
1. 주재료(매실, 오디, 오미자 등)와 설탕을 1:1 비율로 넣고 고루 섞으세요.
2. 용기에 넣고 밀봉한 후 서늘한 곳에 두세요.
3. 3달 후 체에 밭쳐 건더기는 걸러내고 액만 따로 담아 쓰세요.

발효액 활용하기
1. 매실발효액 : 요리에 두루 쓸 수 있어요. 가장 활용도가 높지요.

   TIP 매실은 100일 후에 꼭 건져 액을 받아요. 매실 씨에서 비소 성분이 나오기 때문에 100일 이상 담가두지 않아요. 걸러낸 후 남은 매실은 씨를 뺀 후에 고추장이나 간장에 담가 놓으면 맛난 매실 장아찌가 되지요.

2. 산야초발효액 : 음식에 넣어도 좋고 차로 마셔도 좋아요.
3. 오미자, 오디발효액 : 색이 진하고 고와서 요리의 색에 맞게 드레싱으로 활용해요.
4. 쑥발효액 : 향이 강해서 요리에는 잘 쓰지 않고 물과 희석해 차로 마셔요.

발효액차 곁들이기
발효액을 물에 희석해(물:발효액=5:1) 음식에 곁들이는 차로 내놓아도 그만이지요. 과식했거나 자극적인 음식을 먹었을 때, 속이 더부룩하고 안 좋거나 짜게 먹었을 때 발효액차를 마시면 해독도 되고 속이 편안해지는 데 도움이 된답니다.

TIP 발효액은 담근 지 보통 3달 정도 지나면 먹기 시작하는데, 1년은 지나야 숙성이 잘 돼 향과 맛이 좋고 3년 묵었을 때 가장 맛이 좋아요.

원당과 조청
저는 발효액과 더불어 원당과 조청으로 단맛을 내요. 원당은 비정제설탕(유기농설탕)을 말하는데 일반 설탕보다 단맛이 조금 약하지만 보다 건강한 맛을 낼 수 있지요. 조청은 엿기름으로 만드는 우리 전통의 감미료예요. 조청 대신 물엿이나 올리고당을 쓰기도 하지만, 영양면에서는 조청이 훨씬 좋아요.

조청 원당

비법 7 재료의 맛을 가리지 않는 저염드레싱

건강에 대한 관심이 높아지면서 샐러드의 인기도 높아지고 덩달아 드레싱도 높은 인기를 구가하고 있지요. 하지만 무심코 곁들이는 드레싱에 함유된 나트륨도 상상 이상이지요. 저염드레싱을 만들어서 가능하면 뿌리지 말고 조금씩 찍어 드세요. 저염식에 익숙해지면 드레싱을 뿌리지 않아도 채소 본연의 맛을 즐길 수 있게 된답니다.

간장드레싱
저염간장 4큰술(p.55) + 식초 2큰술 + 발효액 1큰술 + 원당 1큰술

TIP 채소 샐러드, 생나물과 잘 어울려요.

된장두부드레싱
저염된장 2큰술(p.55) + 두부 ¼모 + 다시마국물 4큰술(p.58) + 참기름 1큰술

TIP 마, 연근, 우엉 및 익힌 나물류와 잘 어울려요.

요구르트드레싱
플레인요구르트 ½컵 + 꿀 2큰술 + 식초 2큰술 + 소금 ¼작은술

TIP 생채소, 토마토, 버섯, 오이와 잘 어울려요.

참깨드레싱
참깨 ¼컵 + 두유 ½컵 + 식초 2큰술 + 원당 1큰술 + 소금 ¼작은술

TIP 우엉, 당근, 죽순 및 익힌 나물류와 잘 어울려요.

양파드레싱
양파 ½개 + 현미유 ½컵 + 식초 ¼컵 + 원당 2큰술 + 소금 ½작은술

TIP 채소 샐러드에 두루 잘 어울려요. 양파는 씻어서 썬 후 찬물(혹은 얼음물)에 10분 정도 담가뒀다가 물기를 빼서 쓰면 아리고 매운 맛을 제거할 수 있어요.

겨자드레싱
식초 ¼컵 + 겨자 갠 것 2큰술 + 파인애플 간 것 2쪽분 + 원당 1큰술 + 소금 ¼작은술

TIP 해물이나 고기가 들어간 냉채, 무, 오이와 잘 어울려요.

과일드레싱
과일(사과, 키위, 복숭아 등) 1개 + 식초 3큰술 + 현미유(또는 올리브유) 5큰술 + 소금 ¼작은술

비법 8 나트륨을 배출하는 식재료

칼륨과 식이섬유, 마그네슘이 풍부한 식재료들은 나트륨을 배출하는 효과가 있답니다. 소금을 줄이고 나트륨 배출 효과가 있는 식재료를 더해주면 맛도 좋고 '저염 효과'는 배가되지요. 마음껏 먹으면서 나트륨 디톡스를 할 수 있으니 이렇게 반가울 수 없어요.

대표 식재료

바나나 | 자연스러운 단맛이 있어서 케이크나 디저트로 활용하면 좋아요.
브로콜리 | 데쳐서 초고추장, 드레싱 등 어디에 찍어 먹어도 잘 어울리지요. 사실 브로콜리는 그냥 씹어 먹어도 달큰하니 아주 맛있어요.
셀러리 | 아삭한 식감이 좋아서 생으로 먹는 게 가장 좋지요. 줄기 부분을 잘게 썰어 잔멸치와 함께 넣고 밥을 지어도 별미!
감자 | 밥을 지을 때 넣어도 좋고요, 수프를 끓이면 든든한 한 끼 식사가 되지요. 국이나 찌개가 짜게 되었을 때 넣어주면 짠맛을 중화시킬 수 있어요.
고구마 | 다른 것 첨가하지 않고 그냥 쪄 먹는 게 제맛! 단맛이 많이 당기는 날 맛탕으로 만들어 먹으면 이보다 좋을 수 없겠네요.
시금치 | 데쳐서 나물로 무쳐 먹어도 좋고 샐러드나 겉절이를 만들어 생으로 먹어도 좋아요. 좀 색다르게 먹고 싶을 땐 라자냐에 넣어보세요. 참 잘 어울려요.
부추 | 김치 담글 때 부추를 팍팍 넣어주면 아무래도 안심이 되지요.
단호박 | 푹 쪄서 견과류를 올려주면 순식간에 럭셔리 디저트 완성. 호박범벅 한 통 가득 끓여서 밥 대신 먹으면 다이어트식으로도 훌륭하죠.
토마토 | 웬만한 채소와 다 잘 어울려요. 부담 없이 송송 썰어서 샐러드를 만들어 보세요. 기름에 익혀 먹으면 소화흡수율이 더 높아집니다.
콩(두부) | 역시나 활용도가 무궁무진한 콩과 두부! 음식이 짜게 되었을 때 두부를 곁들이면 염도를 낮추는 데 도움이 되지요.

활용하기

1. 요리할 때 나트륨 배출 식재료를 주재료, 부재료로 적절히 곁들이세요.
2. 조금 짜게 먹었다 싶은 날에는 얼른 나음 끼니에 나트륨 배출 식재료를 넣어보세요.
3. 라면 등 자극적인 인스턴트식품을 먹었을 때 나트륨 배출 식재료를 후식으로 먹어주는 것도 좋아요.
4. 제철에 나는 나트륨 배출 식재료들은 크게 간을 안 해도 맛있기 때문에 그대로 샐러드로 먹거나 익혀서 소스 없이 그냥 먹어도 좋아요.
5. 다른 재료들과 더불어 빼놓을 수 없는 것이 바로 '물'이에요. 하루 2ℓ씩 생수 마시는 습관을 들이는 건 나트륨을 빼는 가장 좋은 방법이기도 하지요.

비법 9 기분좋게 자극적인 천연향신료

저염식이 밍밍하기만 한 줄 아시나요? 짠맛이 적은 것일 뿐, 저염식도 충분히 자극적일 수 있답니다. 마늘, 생강, 후추 등 익숙한 재료를 적극적으로 활용하고 입맛이 없는 날은 허브류의 향신료로 요리를 해보세요. 천연재료를 이용해 강한 맛과 향을 내는 것이기 때문에 안심하고 먹을 수 있지요. 저염식이 점점 더 즐거워질 거에요.

생강·마늘·후추

생강과 마늘, 후추같이 향이 진한 채소는 음식 맛을 돋우고 밋밋한 맛을 살려주는 데 큰 몫을 하지요.

> **TIP** 한국 음식 어디에나 잘 어울리는 향신채들이니 넉넉하게 넣어주세요.

고추씨

고춧가루 빻을 때 그냥 버리는 고추씨를 가져와 냉동보관한 뒤, 그때그때 조금씩 갈아서 요리에 쓰면 칼칼하고 매운맛에 비타민C까지 일거양득입니다. 고추를 씨 빼지 않고 통째로 말려 갈아써도 좋아요.

> **TIP** 각종 찌개에 넣으면 시원한 매운맛이 나고요, 나물 무칠 때 넣어도 좋아요. 김치 담글 때 조금씩 넣으면 김치가 개운하고 무르지 않아요.

허브류

팔각, 고수 등의 향신료와 바질, 오레가노, 로즈메리 등의 향이 강한 시즈닝들은 저염밥상을 더욱 풍부하게 해줍니다. 외식하고 싶은 날에는 허브를 이용해 건강한 서양식을 만들어 보는 것도 좋지요.

> **TIP** 허브류는 사뒀다가 한두 번 쓰고 방치해 두게 되는 경우도 많은데요, 쓰다 남은 허브가 있다면 피클을 담을 때 넣어도 좋고요, 아이들에게 햄버거나 돈가스 해줄 때 소스에 넣어도 잘 어울려요. 생선, 닭고기, 돼지고기 구울 때 뿌리면 냄새를 제거하고 기름기도 줄여주니 야무지게 여기저기 넣어 보세요.

비법 10 그 자체로 맛있는 제철 재료

마지막에 이야기하지만 사실 가장 중요한 건 이거죠. 맛있는 저염식 만드는 비법, 그 절반은 바로 '자연스러움'에 있어요. 나머지 절반이 이제까지 이야기한 재료들로 만드는 '간'이고요. 많은 분들이 제 요리의 비결은 숙련된 솜씨와 타고난 미각이려니… 생각하시는 것 같은데 실은 '제철 재료'에 그 답이 숨겨져 있지요.

철마다 때마다 나오는 흔한 재료를 쓰세요
제철의 햇빛과 달빛, 비와 바람을 자연스레 맞고 자란 먹거리들에는 그 어떤 양념으로도, 그 어떤 훌륭한 요리 기술로도 흉내 낼 수 없는 자연스러운 참맛이 들어있어요.
저는 아무리 맛있는 음식이라고 해도 재료가 구하기 어렵다면 만들지 않아요. 제가 사는 곳에서 멀리 떨어져있는 귀한 식재료로 미식을 만들어내고 싶진 않아요. 언제든 텃밭이나 우리 마을시장에 가면 널려 있는 재료를 쓰지요. 철마다 때마다 나오는 '제철 재료'들이 가장 쉽게 구할 수 있고, 가장 싸고, 가장 싱싱하고, 가장 맛있거든요.

저염식 레시피는 쉬운 게 당연해요
제철 재료는 그 자체로 맛이 좋기 때문에 간을 슴슴하게 해도 얼마든지 맛을 살릴 수 있지요. 간 없이 그냥 찌거나 굽기만 해도 맛있고요. 제철 재료는 진하고 자극적인 양념을 범벅해서 맛을 가릴 필요가 없거든요. 재료가 가진 본연의 맛, 그 '맛있는 맛'이 가장 잘 살 수 있도록 간을 최소화해서 넣어주면 별달리 손이 가지 않아도 자연스럽고 맛있는 음식이 만들어지지요. 그것이 곧 몸을 건강하게 하고 입을 즐겁게 하는 저염식이지요.

영혼까지 울리는 최고의 비법 하나 더
하나 더 중요한 지혜를 드리자면, 즐거운 마음으로 요리를 하면 음식이 절로 맛있어지는 것 같아요. 온몸에서 흘러나오는 좋은 기운과 손에서 나오는 맛있는 기운이 어우러져 짭짤하게 간을 하지 않아도 영혼을 울리고 웃게 만드는 최고의 음식이 만들어집니다.

갖춰둬야 할
요리도구

요리선생님이 쓰는 요리도구는 무엇일까, 궁금해 하시는 분들이 많으실 텐데요. 글쎄요, 다양한 요리도구들이 하루에도 몇 가지씩 새로 나오지만 사실 저는 도구를 그다지 많이 쓰지 않아요.

저는 할머니가 물려주신 박달나무 도마와 고추장 주걱을 여직 쓰고요, 시어머니가 주신 나무 주걱과 채반도 여직 쓰고 있답니다. 새로 나온 도구를 생각 없이 사다 보면 몇 번 안 쓰고 쑤셔 박기 일쑤지요.

제가 좋아하는 요리도구들은 모두 옛날 것들이에요. 나무주걱과 국자, 여러 가지 크기의 채반, 나무도마와 광주리, 체, 작은 절구와 공이, 함지박과 돌확, 푼주와 단지와 항아리들… 특별할 것 없어요. 이것만으로 충분해요.

그래도 굳이 하나 추가하자면 믹서 정도입니다. 용량이 큰 믹서 하나만 있으면 한국요리는 뭐든 거의 다 할 수 있지요. 재료를 잘게 가는 데 주로 쓰고, 양념 재료들을 고르게 섞어줄 때도 유용합니다.

저는 조리도구들은 모두 스테인리스와 도자기로 구입하고 플라스틱이나 멜라민 제품은 쓰지 않습니다. 양은그릇도 별로 좋지 않고요. 고무를 입힌 코팅 제품도 되도록 사용을 자제합니다. 편리하긴 하지만 건강에는 나쁘기 때문이죠.

칼은 소문난 명품 연장을 구태여 구입할 필요 없이 쓰던 것 잘 길들여놓고 갈아 쓰면 되고요. 도마는 며칠에 한 번은 꼭 뜨거운 물로 소독해둬요. 행주는 면보로 넉넉히 만들어두고 매일 삶아 쓴답니다.

그냥 이 정도입니다. 있는 주방 그대로에서, 누구나 가지고 있는 도구들로 충분히 건강하고 맛있는 요리를 만들 수 있어요.

일러두기

* 말의 맛을 살리기 위해 구어체와 사투리를 그대로 표기하였습니다.

• 각 계절에 나는 재료를 활용해 서로 어울리는 음식들로 세트 구성하였어요.

• 따로 레시피가 게재되지 않은 경우는 집에 있는 밑반찬을 어느 것이나 곁들여도 좋다는 의미입니다.

• 별미밥은 레시피를 넣었어요. 현미밥 등 기본밥을 곁들이는 경우에는 레시피를 따로 넣지 않았어요.

• 세트 상차림 소개 후 다음 페이지에 각 구성 음식들의 레시피를 담았습니다.

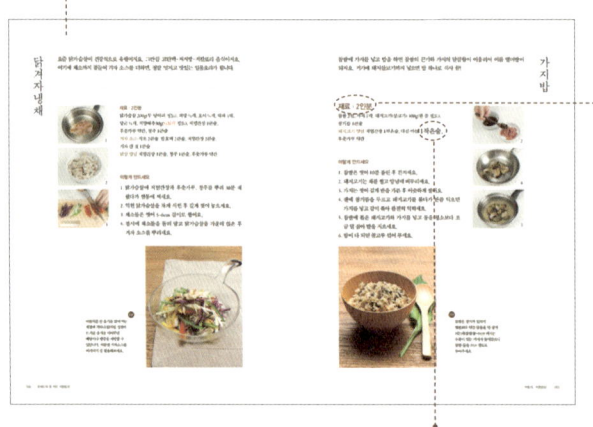

• 각 재료 분량은 2인분 기준입니다. 예외는 별도로 표기했습니다.

이 책의 레시피는 계량컵과 계량스푼 기준으로 표기되어 있습니다.
괄호 안에 손대중으로 가늠하는 법을 표기했습니다만, 계량도구를 이용하는 것이 더 정확하고 음식의 제맛을 살릴 수 있습니다.

이 책 레시피에 나오는 소금의 양은

❶ 일반적으로 음식할 때 넣는 소금과 장의 비율을 되도록 반으로 줄여서 레시피를 작성했어요. 보통 식재료 600g에 진간장 3큰술을 평균 간으로 잡는데, 이 책에서는 2큰술이나 1½큰술로 줄였어요.

❷ 맛을 살리기 위해 다른 양념은 그대로 썼고요, 염도를 줄여 싱겁게 한 대신 식초나 발효액 양을 약간 늘렸답니다.

이 책에 쓰인 식재료와 양념은

❶ 제철 재료 및 나트륨 배출 효과가 있는 식재료들을 기본으로 사용합니다.
❷ 소금은 국내산 천일염을 사용합니다.
❸ 장은 저염장을 사용합니다. *일반장을 사용할 경우 제시된 양의 반만 넣으세요.
❹ 감미료는 원당(비정제설탕·유기농 설탕), 조청을 사용합니다.
  *조청이 없을 때는 원당을 사용해도 되지만, 그 양을 제시된 조청 분량의 ½로 줄여 쓰세요.
  *조청 대신 물엿이나 올리고당을 사용해도 되지만 영양 면에서 조청이 훨씬 좋아요.
  *원당 대신 일반 설탕을 쓸 때는 제시된 분량의 90% 정도만 넣으세요.
❺ 발효액은 매실발효액(매실청)을 사용합니다.
  *산야초, 오미자, 개복숭아발효액 등 다른 발효액을 사용해도 되지만 쑥이나 솔발효액은 향이 진해 요리와 어울리지 않아요.
❻ 맛술은 청주를 사용합니다.
  *시중에 판매되는 '미림'은 단맛이 있어 추천하지 않아요.
❼ 밀가루는 통밀가루를 이용합니다.
❽ 식용유는 현미유를 이용합니다.
  *카놀라유, 올리브유, 포도씨유를 사용해도 괜찮아요. 정제유인 콩기름과 옥수수유는 피하세요.
❾ 액젓은 까나리나 멸치액젓을 사용합니다.

불 조절과 재료 크기는

❶ 특별한 표시가 없으면, 각 재료는 중간 크기의 것을 이용합니다.
❷ 특별한 표시가 없으면, 각 재료를 조리하는 불은 '중간불'을 이용합니다.

각 레시피의 계량 기준은

❶ 1컵은 계량컵 200㎖로, 종이컵 1컵 분량입니다.
❷ 1큰술은 계량스푼 15㎖로, 밥숟가락으로 수북이 1스푼 정도입니다.
❸ 1작은술은 계량스푼 5㎖로, 밥숟가락 ⅓ 분량입니다.
❹ ¼작은술은 작은 찻숟가락 1스푼(윗면을 깎이서) 정도입니다.
❺ 약간은 엄지와 검지로 가루를 살짝 집은 분량입니다.
❻ 계량컵, 계량스푼으로 계량할 때 각 재료를 푼 후 윗면을 편평하게 깎아주세요.

01

봄의.
저염밥상.
싱그럽고 산뜻한.

봄에는 온갖 새순들이 나오지요.

겨우내 얼었던 땅과 나무에서

죽은 듯이 움츠렸던 기운들이 되살아나요.

그 싹과 잎을 먹는다는 건 정말 행운이지요.

생명을 살리는 귀한 영양소와 맛이

담뿍 들어 있으니까요.

산에서는 온갖 순과 산나물이 나오고

바다에서는 새우, 조개, 주꾸미, 조기 등의

해산물이 나오고요.

이렇게 싱그러운 봄의 식재료로 차리는

산뜻하고 건강한 밥상.

입맛을 돋우는 반찬들을 준비하다 보면

저도 모르게 자연에 흠뻑 취하게 돼요.

맛과 빛깔과 향에 취하는 봄,

우리 봄요리를 시작해볼까요?

春 01

그대와 함께
나누고픈
밥상

+ 더덕들깨구이
+ 달래차돌박이무침
+ 죽순꼴뚜기밥
+ 봄나물샐러드

오늘은 손님을 초대하고 싶어요. 무척 맛있는 음식이라 나눠먹고 싶어요. 손님 초대 뭐 어렵나요? 옆집 식구들, 동네 오다가다 만난 이웃, 아님 오랫동안 못 만난 친구를 불러서 밥 한 끼 같이 먹으면 되지요. 밥을 같이 먹는다는 건 너의 눈으로 세상을 보겠다는 뜻이래요. 어떤 시인이.

더덕들깨구이

더덕은 고추장을 발라 구워 먹는 게 일반적이지요. 그런데 혹시 고추장 맛으로 먹은 건 아닌가요? 이젠 더덕 그 자체의 맛으로 드셔 보세요. 더덕 고유의 맛을 살린 더덕구이가 여기 있어요.

재료 | 2인분

더덕 200g(두 줌 정도), 들깨가루 50g(반 줌 정도), 들기름 1큰술, 소금 약간

TIP 더덕은 도라지나 마, 연근, 우엉 등의 뿌리채소로 대체해도 좋아요.
들깨가루 대신 참깨가루나 흑임자가루를 넣어도 괜찮습니다.

이렇게 만드세요

1. 더덕은 껍질을 벗기고 편으로 2~3등분 하세요.
2. 방망이로 더덕을 살짝 두드리거나 밀어 납작하게 만드세요.
3. 팬에 들기름을 두르고 더덕을 앞뒤로 살짝 구우세요.
4. 들깨가루에 소금을 약간 넣고 잘 섞으세요.
5. 구운 더덕에 ④를 앞뒤로 묻히세요.

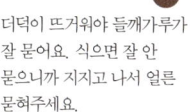

TIP 더덕이 뜨거워야 들깨가루가 잘 묻어요. 식으면 잘 안 묻으니까 지지고 나서 얼른 묻혀주세요.

달래차돌박이무침

달래는 참 예쁜 향신채지요. 조금만 넣어도 알싸하고 화한 맛이 퍼지는 게, 마치 매력적인 아가씨가 지나간 것 같은 느낌이에요. 차돌박이랑 같이 무치면 느끼한 맛을 잡아주는 똑순이랍니다.

재료 | **2인분**

달래 100g(한 줌 정도), 차돌박이 200g(두 줌 정도),
양념장 고춧가루 1작은술, 발효액 1큰술, 저염간장 1큰술, 깨소금 약간

> **TIP** 차돌박이 대신 얇게 저민 샤브샤브용 소고기나 대패삼겹살 등을 넣어도 괜찮아요.
> 달래는 부추나 고수, 봄나물류로 대체 가능합니다.

이렇게 만드세요

1. 차돌박이는 얇게 썰어서 팬에 구우세요.
2. 구운 차돌박이를 페이퍼타월 위에 얹어 기름기를 빼세요.
3. 달래는 다듬어 깨끗이 씻은 후 물기를 빼고 4cm 길이로 자르세요.
4. 구운 차돌박이와 달래를 섞은 다음 양념장에 버무리세요.

> **TIP** 차돌박이가 실온에서 살짝 식었을 때 달래와 같이 무치세요. 그래야 달래가 숨이 죽지 않고 싱싱해요.

죽순꼴뚜기밥

봄에 잠시 나오는 죽순과 꼴뚜기. 오작교서 견우직녀 만나듯이 어렵게 만났네요.
정말 잘 어울리는 한 쌍입니다.

재료 | 2인분
쌀 2컵, 죽순 100g(한 줌 정도), 다시마국물 2컵(p.58), 꼴뚜기 50g(반 줌 정도), 청주 1큰술

TIP 꼴뚜기 대신 주꾸미나 실치, 전복을 사용해도 괜찮아요.

이렇게 만드세요

1. 쌀은 씻은 다음 10~15분 불리세요.
2. 쌀뜨물에 죽순을 삶은 후 편으로 썰어 두세요.
3. 꼴뚜기를 손질하세요. 생물 꼴뚜기일 경우, 밀가루 1큰술을 넣고 살살 주물러서 찬물에 헹구세요. 마른 꼴뚜기라면, 찬물에 살짝 헹군 후 5분 정도 찬물에 담가두었다가 다시 한 번 헹구세요.
4. 불린 쌀, 다시마국물, 죽순, 꼴뚜기, 청주를 넣어 밥을 지으세요.

TIP 꼴뚜기도 해물이라 비린내가 날 수 있으니 청주를 꼭 넣어주세요. 꼴뚜기가 구하기 어려우면 잔멸치나 새우로 대체해도 좋아요.

봄나물샐러드

온갖 봄나물을 한데 넣고 살짝 밑간을 해서 드셔 보세요. 간이 세거나 향이 강하면 나물 향을 덮어 버리니까 그냥 살짝 얹는 정도로만. 모자라는 것이 넘치는 것보다 낫다는 말, 요리에서도 정석이랍니다.

재료 | 2인분
각종 봄나물 200g(두 줌 정도)
양념장 식용유 1큰술, 식초 1큰술, 저염간장 1큰술, 발효액 1큰술, 다진 청양고추 1개분

이렇게 만드세요
1. 봄나물을 깨끗이 씻어 물기를 빼세요.
2. 먹기 직전에 양념장을 곁들여 드세요.

TIP 돌나물, 참나물, 세발나물, 방풍나물, 취나물 등 취향대로 나물을 선택하세요.

春 02

봄을 가득
느낄 수 있는
밥상

+ 미나리청포묵무침
+ 주꾸미마늘종볶음
+ 쑥갓조기찜
+ 우엉밥

완연한 봄날이에요. 오늘의 밥상 이름은 봄날은 간다라고 짓고 싶어요. 봄에 가장 맛나다는 조기에 어린 쑥삿은 선생년분이고요, 향긋한 우엉밥 또한 봄기운의 절정이지요. 봄날은 가지만 봄향기는 그대와 함께 영원히 기억하고 싶어요.

미나리청포묵무침

청포는 녹두를 말하지요. 녹두묵을 얇게 썰어 초간장에 비비고 향기로운 미나리를
곁들이는 건 우리의 절기식이기도 했답니다. 봄에 딱 맞는 요리예요.

재료 | 2인분
청포묵 1모, 미나리 100g(한 줌 정도), 숙주 50g(반 줌 정도)
양념장 저염간장 2큰술, 참기름 1큰술, 식초 1큰술, 발효액 1큰술

TIP 가을엔 도토리묵에 마른 나물을 곁들여도 좋아요.

이렇게 만드세요

1. 청포묵은 가늘게 채 썰어요.
2. 미나리와 숙주는 다듬은 후 미나리는 끓는 물에 10초 정도, 숙주는 30초 정도 데치고 찬물에 헹궈 물기를 빼세요.
3. 청포묵은 끓는 물에 넣고 투명해지면 꺼내세요.
4. 데친 미나리는 4cm 길이로 자르세요.
5. 청포묵, 미나리, 숙주를 섞은 후 양념장에 무치세요.

TIP 청포묵이 말랑거리면 썰기가 어려우니 칼에 물을 묻혀가며 썰어요. 냉장고에 넣어뒀다가 하얗게 굳어진 후 썰면 더 편해요.

주꾸미마늘종볶음

알이 밴 통통한 주꾸미를 봄에 한창 나오는 마늘종과 함께 볶아먹으면 정말 맛나요.
제철에 나오는 것들끼리는 안 봐도 궁합이 착착! 매콤한 볶음으로 기운 차려 보자고요.

재료 | 2인분

주꾸미 400g(네 줌 정도), 마늘종 200g(두 줌 정도), 밀가루 2큰술, 식용유 1큰술
양념장 저염고추장 1큰술, 고춧가루 1큰술, 저염간장 1큰술, 발효액 1큰술, 다진 마늘 1큰술,
원당 1큰술, 후춧가루 약간, 깨소금 약간

TIP 주꾸미에 마늘종 대신 쪽파, 미나리, 풋마늘 등을 곁들여도 좋은 궁합이에요.

이렇게 만드세요

1. 주꾸미에 밀가루를 조금 뿌린 후 조물조물 잘 주물러 주세요.
2. 주꾸미를 깨끗하게 씻은 후 끓는 물에 1분 정도 데치세요.
3. 데친 주꾸미를 찬물에 담가 열기를 뺀 후 한 입 크기로 자르세요.
4. 마늘종은 깨끗이 씻은 후 4cm 길이로 자르세요.
5. 팬에 식용유를 두르고 양념장을 살짝 볶다가 마늘종을 넣어 볶으세요.
6. 마늘종이 익으면 데친 주꾸미를 넣어 가볍게 볶으세요.

TIP 주꾸미는 1분 정도만 데쳐서 70~80%만 익혀요. 나머지는 팬에서 볶아 익혀야 질기지 않고 부드러워요.

TIP 마늘종은 덜 익으면 매운맛이 나니까 충분히 익혀야 해요. 맛을 보면서 볶으세요. 맵지 않고 달콤해신 상태가 되면 다 익은 거예요.

쑥갓조기찜

조기는 봄조기가 최고지요. 노랗게 알이 밴 조기를 손질해서 자작하게 국물 부어 끓이다가 향긋한 쑥갓을 올리면 아버지가 그렇게도 좋아하시던 조기찜이 됩니다. 그리운 조기찜이네요.

재료 | 2인분

조기 2마리, 쑥갓 100g(한 줌 정도), 물 1컵, 소금 약간
양념장 저염간장 2큰술, 고춧가루 2작은술, 발효액 1큰술,
다진 마늘 1큰술, 풋고추 1개

TIP 쑥갓 대신 미나리나 풋마늘도 활용해보세요.

이렇게 만드세요

1. 조기는 비늘을 긁어내고 지느러미는 자르고 물에 씻어 손질한 후 소금을 약간 뿌려 두세요.
2. 쑥갓은 씻어 5cm 길이로 자르세요.
3. 냄비에 조기를 넣고 물을 부은 뒤 양념장을 골고루 얹고 10분 정도 익히세요.
4. ③에 쑥갓을 올리고 살짝 더 익힌 후 불을 끄세요.

TIP 생선조림을 할 때 식초나 발효액을 넣으면 비린내를 없애주고 생선살을 단단하게 해줘요.

우엉밥

우엉을 넣고 지은 밥은 부족한 섬유질을 보충하기에 그만이지요. 맛도 좋고 향도 좋아 누구든지 잘 먹어요.

재료 | 2인분
쌀 2컵, 우엉 100g(15cm 정도),
다시마국물 2컵(p.58)
조림장 저염간장 ½큰술, 청주 1큰술, 물 ⅛컵

TIP 우엉 대신 연근, 마, 더덕, 도라지 등을 넣어도 향긋하고 맛있어요.

이렇게 만드세요

1. 쌀을 10~15분 불리세요.
2. 우엉은 껍질째 깨끗하게 씻어 연필 깎듯이 돌려가며 얇게 깎아 주세요.
3. 썰어놓은 우엉을 조림장에 슴슴하게 조리세요.
4. 냄비에 불린 쌀과 다시마국물을 넣고 조린 우엉을 넣어 밥을 지으세요.

2

3

4

TIP 우엉은 꼭 껍질을 벗기지 말고 써야 해요. 껍질에 우엉 특유의 향기와 영양분이 많이 들어 있거든요.

春 03

일 년을
기다려 차리는
밥상

+ 죽순해물냉채
+ 부추조개전
+ 봄나물죽
+ 우엉조림

저는 봄이 되면 동네분들과 어울려 대숲에 죽순을 캐러 가요. 해마다 캐어 가도 또 순을 내어주는 대나무에게 늘 고마운 마음이랍니다. 죽순은 봄에 잠시니는 덕재료라 나올 때 얼른 맛보지 않으면 또 일 년을 기다려야 해요. 흔하디흔한 봄나물 대신 오늘은 죽순으로 메인 요리를 만들어 볼까요?

죽순해물냉채

봄마다 절대 빠뜨리지 않고 챙기는 메뉴가 바로 죽순냉채예요. 죽순을 안 먹으면 봄이 안 온 것만 같으니까요. 쌀뜨물에 푹 삶아 껍질을 벗긴 뽀얀 죽순의 아삭거리는 그 맛! 해물과 함께 느껴보세요.

재료 | 2인분

오징어 1마리, 새우 4마리, 죽순 100g(한 줌 정도), 당근 30g(⅕토막 정도),
양배추 30g(반 줌 정도), 식초물(물 1컵+식초 1큰술), 쌀뜨물 5컵
냉채소스 물에 갠 겨자 1큰술, 식초 2큰술, 발효액 2큰술, 소금 ½작은술

TIP 잣소스를 곁들여도 좋아요.
잣 3큰술 + 우유 3큰술 + 식초 2큰술 + 설탕 1큰술 + 소금 ½작은술을 넣어 믹서에 곱게 갈면 됩니다.

이렇게 만드세요

1. 오징어는 몸통을 자르지 말고 내장을 뺀 후 끓는 물에 3~5분 정도 데치세요.
2. 데친 오징어는 링 모양으로 썰어요.
3. 새우는 끓는 식초물에 넣고 껍질째 3~5분 정도 데친 후 껍질을 벗기고 반으로 가르세요.
4. 당근과 양배추는 씻은 후 납작하게 썰어요.
5. 죽순은 쌀뜨물에 30분간 삶은 후 찬물에 담가 식힌 다음 납작하게 썰어요.
6. 먹기 직전에 소스에 골고루 무쳐 내세요.

TIP 오징어는 껍질째 먹어야 콜레스테롤이 쌓이는 것이 방지되고 영양이 풍부해요. 새우도 껍데기째 데쳐야 맛이 더 좋아요.

부추조개전

햇부추는 막냇사위도 안 준다는 말이 있어요. 그만큼 맛있고 영양덩어리란 말이지요.
부추 송송 썰어 조갯살을 넣고 부친 전은 음~ 봄이네요, 봄.

재료 | 2인분

조갯살 100g(한 줌 정도), 부추 100g(한 줌 정도), 풋고추 1개, 홍고추 1개, 밀가루 ½컵, 달걀 1개,
물 ¼컵, 저염간장 1큰술, 참기름 1큰술, 발효액 1작은술, 소금 약간, 식용유 1큰술

TIP 부추 대신 참나물, 취나물, 방풍나물 등 봄나물을 넣어도 맛있어요.

이렇게 만드세요

1. 조갯살은 소금물에 흔들어 씻은 후 물기를 빼고 발효액을 뿌려 놓으세요.
2. 부추는 씻어 1cm 길이로 썰고 고추는 송송 썰어요.
3. 밀가루에 달걀과 물을 넣고 반죽을 한 후 조갯살, 부추, 고추, 저염간장, 참기름을 넣고 잘 섞으세요.
4. 팬에 식용유를 두르고 한 수저씩 떠서 부치세요.

TIP 밀가루가 들어가는 부침을 할 때 간장과 참기름을 약간 넣으면 밀가루 특유의 날내가 없어지고 구수한 맛이 살아나요. 이건 조선 때부터 내려오는 전통 레시피랍니다.

봄나물죽

봄나물을 넣고 끓인 나물죽은 예전엔 먹을 게 없어 끓여 먹었다지만 지금은 오히려 건강식으로 불리며 인기라지요. 소화가 잘 되는 죽에 향기로운 봄나물을 넣으면 아침밥으로도 좋고 저녁밥으로도 좋아요.

재료 | 2인분
봄나물(취나물 혹은 참나물) 100g(두 줌 정도), 쌀 1컵, 참기름 1큰술, 물 5컵, 저염간장 1작은술, 소금 ¼작은술

이렇게 만드세요

1. 쌀은 10~15분 정도 불리세요.
2. 나물은 씻어 끓는 물에 10초 정도 데친 후 잘게 다지듯이 자르세요.
3. 냄비에 불린 쌀과 참기름을 넣고 달달 볶으세요.
4. 쌀알이 투명해지면 물을 넣고 푹 끓이세요.
5. 쌀알이 잘 퍼지면 다진 나물을 넣고 살짝 끓이세요.
6. 먹기 전에 저염간장과 소금으로 간을 맞추세요.

TIP 나물을 넣고 오래 끓이면 특유의 향이 사라지니까 살짝만 끓이세요.

쌉싸래하면서도 그윽한 우엉의 향은 언제 맡아도 기분이 좋아요. 오늘은 달달하게 조려서 밥상에 올려 볼게요.

우엉조림

재료 | 2인분
우엉 400g(네 줌 정도), 참기름 1작은술, 통깨 약간
조림장 저염간장 4큰술, 조청 2큰술, 물 1컵

이렇게 만드세요
1. 우엉은 물에 깨끗이 씻고 껍질째 어슷하게 썰어요.
2. 조림장에 우엉을 넣고 국물이 거의 졸아들 때까지 조리세요.
3. 다 조려지면 불을 끄고 참기름과 통깨를 뿌리세요.

TIP 우엉은 혈당 수치를 낮춰주는 효과가 있어서 당뇨 예방에도 도움이 된대요. 자주 자주 먹자고요.

春 04

봄에 태어난
당신을 위한
생일상

+ 두릅초밥
+ 보리싹전
+ 소라무침
+ 우엉양념구이

같은 재료 다른 느낌! 우엉은 조리고 나물은 무친다? 아니~ 아니~ 아니죠. 자주 해먹던 조리법에 변화를 줘 볼까요? 방법을 살짝만 달리했을 뿐인데 완전 새로운 요리가 태어난답니다. 우엉은 굽고 나물은 초밥으로! 보농 버리고 마는 보리싹으로 전까지 부쳐 볼까요? 정말 멋진 자연밥상이네요. 거기에 한창 나오는 참소라를 살짝 무쳐내면 완벽한 조합이죠. 누구 봄에 생일 없나요? 이렇게 센스 있는 상차림은 특별한 날 먹어야 제격이에요.

두릅초밥

순 중의 여왕인 참두릅. 저희 집 옆 언덕에도 봄마다 두릅이 한창입니다. 시기를 잘 봤다가 따야지 조금만 지나도 억세져요. 지금 딱 맞게 자란 두릅 따는 재미, 알랑가몰라.

재료 | 2인분
밥 2공기, 두릅 150g(한 줌 반 정도), 식초 2큰술, 소금 약간, 와사비 갠 것 1큰술, 저염간장 적당량, 초고추장 약간

이렇게 만드세요

1. 밥이 뜨거울 때 식초와 소금을 넣고 비비세요.
2. 두릅은 줄기를 다듬어 끓는 물에 10초 정도 데친 후 찬물에 헹구고 물기를 빼세요.
3. ①을 한 입 크기로 뭉친 후 와사비를 조금 바르고 두릅을 얹으세요.
4. 저염간장이나 초고추장에 찍어 드세요.

TIP 두릅 대신 좋아하는 나물을 올려 나만의 나물초밥을 만들어도 보세요.

보리싹전

시골에서 보리싹은 된장국에 넣어 끓여먹던 구황식품이죠. 그런데 요즘은 심장병에 좋다고 일부러 싹을 내서 장복하시는 분들도 많대요. 오늘은 사계절 푸른 보리싹을 갈아서 전을 부쳐봤네요.

재료 | 2인분

보리싹 100g(한 줌 정도), 물 1¼컵, 밀가루 1컵,
저염간장 1큰술, 참기름 1큰술

> **TIP** 시중에 판매 중인 보리싹가루를 이용해도 좋아요. 1큰술 정도면 됩니다.

이렇게 만드세요

1. 보리싹은 씻어서 잘게 자른 뒤 물과 함께 믹서에 곱게 갈아요.
2. ①과 밀가루, 저염간장, 참기름을 섞어 반죽하세요.
3. 팬에 올려 얇게 부치세요.

> **TIP** 보리싹은 너무 웃자라면 풀내가 나요. 한 뼘 정도 자란 싹이 젤 맛있어요. 보리싹이 없으면 취나물이나 참나물로 부쳐도 참 좋답니다.

소라무침

소라가 한창 나올 때예요. 삶아서 살을 발라 초고추장에 무쳐 먹으면 그 부드럽고 달달한 맛이… 마치 바닷속으로 들어간 것 같아요. 봄에는 역시 새콤달콤한 맛이 대세죠!

재료 | 2인분
소라 200g(두 줌 정도), 미나리 100g(한 줌 정도), 양파 ½개, 대파 1대
양념장 저염고추장 1큰술, 고춧가루 1큰술, 저염간장 1큰술, 발효액 1큰술, 조청 1큰술, 식초 2큰술

TIP 소라 대신 우렁이, 골뱅이 등을 사용해도 됩니다.

이렇게 만드세요
1. 소라는 10분 정도 삶아서 찬물에 헹군 후 내장을 빼고 모양대로 편썰기 하세요.
2. 미나리는 씻어 4cm 길이로 썰고 양파는 채 썰고 대파는 어슷하게 썰어요.
3. 모든 재료를 양념장에 무쳐 내세요.

TIP 소라 내장은 먹어도 되긴 하지만 약간의 독 성분이 있어서 많이 먹으면 배탈이 날 수가 있어요. 되도록 떼어버리는 게 좋아요.

우엉양념구이

요즘 장안에 우엉이 인기인 거 아세요? 우엉엔 항암 성분이 많거든요. 차로도 우려 마시고 국물 내어도 마시고요. 조려만 먹던 우엉을 다양한 요리로 만들어 보세요. 모양도 맛도 최고! 영양은 더 최고!

재료 | 2인분

우엉 200g(두 줌 정도), 들기름 1큰술
양념장 저염고추장 1큰술, 저염간장 1큰술, 원당 1큰술, 발효액 1큰술, 다진 마늘 1큰술, 다진 파 1큰술, 참기름 1큰술, 깨소금 약간

TIP 우엉 대신 통도라지로 해도 돼요.

이렇게 만드세요

1. 우엉을 껍질째 씻어 5cm 길이로 자르고 다시 편으로 도톰하게 3~4등분 하세요.
2. 우엉에 양념장을 발라 30분 정도 재우세요.
3. 팬에 들기름을 두르고 약불에서 우엉을 앞뒤로 살짝 지져 내세요.

TIP 고추장 양념을 발라 구우면 타기 쉬워요. 미리 간이 배게 재웠다가 약한 불에서 살짝만 구워주세요.

春 05

평범한
어느 봄날의
저녁상

+ 봄동무침
+ 조개미역국
+ 연근전
+ 잔멸치밥

평범한 어느 저녁, 어김없이 밥을 짓습니다. 별다른 일은 없었지만 그래도 오늘은 생에 딱 하루뿐인 봄날이네요.
오늘 하루도 무사히 보낼 수 있었던 것에 감사드려요. 오늘 저녁은 그냥 밥에 국에 나물에 평범하게 먹으려고요.

봄동무침

봄동은 겨울을 견뎌낸 채소라서 은근한 끈기의 맛이 배어 있어요. 한 계절 불쑥 자란 맛이 아니고요, 혹독한 추위를 견딘 그런 깊은 맛이에요. 익혀도 맛나지만, 오늘은 생절이로 살짝만 간을 해서 봄동 그대로의 맛을 느끼고 싶어요.

재료 | 2인분

봄동 150g(한 줌 반 정도), 오이 ¼개,
달래 혹은 부추 50g(반 줌 정도)
양념장 저염간장 1큰술, 고춧가루 1작은술, 식초 1큰술,
발효액 1큰술, 식용유 1큰술, 깨소금 약간

이렇게 만드세요

1. 봄동은 씻어 한 입 크기로 자르고, 오이는 둥글게 송송, 달래나 부추는 3cm 길이로 썰어요.
2. 먹기 전에 양념장에 골고루 무쳐 내세요.

TIP 생채소 무침에 기름을 약간 넣으면 샐러드처럼 느껴지죠. 비타민A의 흡수율도 높이고요, 겉절이 할 때 어머님들이 들기름이나 참기름 혹은 통깨를 뿌리는 게 다 지혜랍니다.

조개미역국

저는 고기 말고 조개 넣고 끓인 미역국을 좋아해요. 첫째 낳았을 때 친정 엄마가 끓여주신 조개미역국의 그 시원한 맛… 어리숙한 초보 엄마의 어리둥절 어색한 손길과 마음을 녹여주던 바로 그 미역국입니다.

재료 | 2인분
불린 미역 150g(한 줌 반 정도), 조갯살 100g(한 줌 정도), 물 5컵, 참기름 1큰술, 다진 마늘 1큰술, 저염간장 1큰술, 소금 ¼작은술

이렇게 만드세요
1. 미역은 10~15분 불린 후 헹구고 잘게 자르세요.
2. 조갯살은 물에 씻은 후 체에 밭쳐 물기를 빼세요.
3. 냄비에 참기름과 다진 마늘을 넣고 미역을 볶다가 물을 넣고 푹 끓이세요.
4. 물이 끓으면 조갯살을 넣고 한소끔 끓인 후 저염간장과 소금으로 간을 맞추세요.

1

2

4

TIP
미역국은 기름에 충분히 볶다가 끓여야 부드럽고 맛이 나요. 그리고 충분히 시간을 두고 끓이면 더 맛나고요. 대신 조개나 해산물은 마지막에 살짝 한소끔만 끓여주세요. 미역국에 파는 안 넣는 것, 아시죠?

연근전

연근을 예전 방식대로 살짝 밀가루집에 담갔다가 지져먹으면 할머니가 해주시던 밀전병 생각이 나요. 그냥 밀가루에 간장만 넣고 부쳤는데도 왜 그렇게 맛나던지, 먹고 또 먹고… 그러면 "우리 강아지들 잘 먹어서 이쁘다" 하시던 할머니. 참 그리운 맛이 나는 연근전입니다.

재료 | 2인분
연근 200g(두 줌 정도), 식초물(물 2컵+식초 2큰술)
밀가루집 밀가루 ½컵, 물 ½컵, 저염간장 1큰술, 참기름 1큰술

TIP 연근은 우엉, 마, 도라지 등으로 대체할 수 있어요.

이렇게 만드세요
1. 연근은 껍질을 벗기고 0.5cm 두께로 자른 뒤 끓는 식초물에 10초 정도 데치세요.
2. 데친 연근을 찬물에 헹군 후 밀가루집에 넣었다 꺼내 팬에 부치세요.

TIP 밀가루집은 예로부터 내려오는 우리나라 부침 레시피예요. 밀가루, 달걀에다 부쳤던 채소전들을 이렇게 바꿔보세요. 훨씬 담백하고 맛있답니다.

잔멸치밥

잔멸치를 넣고 밥을 하면 밥만 먹어도 맛있어요. 볶아만 먹던 멸치를 이리저리 써보니 색다르게 맛나네요. 아이들도 좋아한답니다.

재료 | 2인분

쌀 2컵, 물 2컵, 잔멸치 50g(반 줌 정도), 셀러리 50g(반 줌 정도)

> TIP 봄에 실치(생뱅어)가 나오면 실치밥을 지어도 맛있어요.

이렇게 만드세요

1. 잔멸치는 물에 살짝 씻은 후 물기를 빼세요.
2. 셀러리는 씻은 후 송송 썰어요. 셀러리는 잎 쪽 말고 줄기 쪽을 이용하세요.
3. 쌀과 셀러리, 잔멸치를 넣고 쌀과 밥물을 1:1로 잡아 밥을 하세요.

> TIP 조금 심심하면 장아찌(p.183)를 곁들여도 좋아요.

春06

화창한 오후에
어울리는
점심

+ 조개감자수프
+ 양배추찜밥
+ 새우해초무침

매일 먹는 밥, 국 반찬 말고 뭔가 조금 특별하면서 입맛 당기는 요리를 하고 싶을 때 권하고 싶은 메뉴들이네요. 전채 요리로 새콤달콤한 새우해초무침을 먼저 드셔 보세요. 그리고 이어지는 삼삼하고 가벼운 조개감자수프와 양배추김밥이 잃었던 입맛을 돋워줄 거예요.

조개감자수프

'클램차우더'라는 크림수프를 우리 입맛에 맞게 바꿔봤어요. 조개와 감자는 맛과 영양이 잘 어울리는 재료들이죠. 이렇게 느끼하지 않고 가벼운 크림수프를 한 냄비 끓여놓으면 밥에도 빵에도 잘 어울리는 한 끼 영양 식사가 됩니다.

재료 | 2인분
감자 1개, 양파 ½개, 개조개 1개, 셀러리 1대, 우유 2컵, 식용유 2큰술, 물 1컵, 밀가루 2큰술, 소금 약간, 후춧가루 약간

TIP 개조개가 없으면 바지락살이나 새우살을 넣어 끓여보세요.

이렇게 만드세요
1. 개조개는 껍질을 벗긴 후 소금물에 흔들어 씻어요.
2. 조갯살을 굵직하게 다지세요.
3. 감자와 양파, 셀러리는 씻은 후 사방 1cm로 썰어 놓으세요.
4. 팬에 식용유를 1큰술 두르고 채소를 볶은 후 물을 넣고 익히세요.
5. 다른 팬에 식용유를 1큰술 두르고 밀가루를 넣어 타지 않게 볶다가 약간 색이 나면 우유를 조금씩 넣으면서 멍울지지 않게 끓이세요.
6. ⑤에 ④를 넣고 끓이다가 마지막에 조개를 넣어 살짝 익히세요.
7. 소금과 후춧가루로 간을 맞추세요.

TIP 볶은 채소가 충분히 익어야 하고 우유를 넣은 다음에는 한 번만 살짝 끓여야 해요. 우유 넣고 오래 끓이면 우유의 풍미가 사라지고 단백질이 굳어서 막이 많이 생기죠.

양배추찜밥

양배추쌈밥은 많이들 먹잖아요. 살짝 응용해서 불린 쌀과 고기, 양파를 같이 넣고 양배추에 말아 장국물에 찌면 이것만으로도 훌륭한 식사가 되지요. 맛은 물론 보장하고요.

재료 | 2인분

양배추 200g(¼통 정도), 불린 쌀 ½컵,
쇠고기 간 것 200g(두 줌 정도), 양파 ½개, 다시마 1쪽(10×10cm)
밑양념 저염간장 2큰술, 후춧가루 약간, 참기름 1큰술
양념장 저염고추장 1큰술, 저염된장 1큰술

> **TIP** 중동에서는 이렇게 채소에 쌀을 넣고 말아 끓여먹는 요리가 많아요. 양배추 대신 포도잎, 피망(작은 것), 오이고추 등을 활용해도 됩니다.

이렇게 만드세요

1. 양배추는 잎이 큰 쪽을 골라 10초 정도 데쳐 놓으세요.
2. 10~15분 불린 쌀과 쇠고기 간 것, 다진 양파, 밑양념을 섞으세요.
3. 양배추를 펴고 ②를 3큰술 넣은 후 가장자리를 잘 오므려 말아요.
4. 냄비에 ③을 넣고 물을 자작하게 부은 뒤에 다시마와 양념장을 넣고 30분 정도 중약불에서 끓이세요.

> **TIP** '자작하다'는 말은 재료가 잠길 듯 말 듯한 정도를 말해요. 익은 다시마를 썰어 토핑처럼 얹어도 좋아요.

새우해초무침

봄이 제철인 새우와 같은 고향 출신인 해초를 새콤달콤한 소스에 살짝 버무리면 사라졌던 입맛이 살아나요.

재료 | 2인분
각종 해초 200g(두 줌 정도), 중새우 100g(한 줌 정도),
식초물(물 2컵+식초 2큰술)
양념장 식초 2큰술, 발효액 2큰술, 저염간장 1큰술, 생강즙 1작은술

이렇게 만드세요

1. 새우는 껍질째 끓는 식초물에 10초 정도 데치세요.
2. 데친 새우는 찬물에 식힌 후 껍질을 벗기세요.
3. 해초도 끓는 물에 10초 정도 데친 후 4cm 길이로 자르세요.
4. 해초와 새우를 섞어 양념장에 무치세요.

TIP 새우 대신 제철 해물들을 사용해도 좋아요.

春 07

봄나들이에
딱 좋은
도시락

+ 새우젓볶음밥
+ 어채
+ 마늘종무침

24절기 중에 봄날에 해당하는 청명과 곡우 때 먹던 절기식 중 하나가 어채예요. 우리나라는 원래 생선을 그냥 회로 먹진 않았거든요. 생선살을 잘 발라 녹말가루에 묻혀 살짝 데치고 채소도 그렇게 해서 초장을 곁들였죠. 오늘은 밭에서 뽑은 마늘종과 새우젓으로 간을 맞춘 볶음밥도 준비했어요. 자, 이렇게 싸들고 어서 빨리 봄나들이 가자고요.

새우젓볶음밥

필리핀에 여행갔다가 새우젓으로 여러 가지 요리하는 걸 보고 저도 볶음밥을 할 때 새우젓으로 간을 맞췄더니 소화도 잘 되고 감칠맛도 나더군요. 간단한 양념으로도 훌륭한 맛이 나는 볶음밥이 된답니다.

재료 | 2인분
밥 2공기, 달걀 1개, 식용유 1큰술, 다진 마늘 1큰술, 당근 ¼개, 대파 1대, 새우젓 1작은술, 후춧가루 약간

이렇게 만드세요
1. 달걀을 잘 풀어 휘휘 저어가며 익혀두세요.
2. 당근과 대파는 잘게 다져 놓으세요.
3. 팬에 식용유를 두르고 다진 마늘을 볶다가 당근과 파를 볶아요.
4. 볶아놓은 채소에 밥을 넣고 볶아요.
5. 새우젓으로 간을 맞추고 후춧가루를 넣으세요.
6. 익혀 두었던 달걀을 섞어 주세요.

TIP 스크램블드 에그를 만든다는 생각으로 달걀을 익혀 두세요.

어채

흰살 생선을 저미고 각종 채소들도 같이 저미며 데쳐먹던 우리 전통음식입니다.
요즘 많이 잊혀져 가지요. 만들기도 번거롭지 않고, 식탁에 온가족이 둘러앉아
전골냄비에 데쳐가며 먹는 것도 재밌을 것 같아요.

재료 | 2인분
흰살 생선포 100g(한 줌 정도), 표고버섯 3장, 오이 3장, 당근 ¼개, 쑥갓 50g(반 줌 정도),
녹말가루 ⅓컵, 소금 약간, 후추 약간, 초간장 적당량

이렇게 만드세요
1. 생선은 포를 떠서 소금과 후추를 뿌려두세요.
2. 표고버섯은 30분 정도 물에 불린 후 기둥을 떼고 2~3등분하세요.
3. 오이와 당근은 한 입 크기로 썰어요.
4. 생선과 채소에 각각 녹말가루를 입힌 후 끓는 물에 10초 정도 데치세요. 데친 후에 찬 물에 바로 담갔다가 건지세요.
5. 그릇에 데친 생선과 채소를 담고 초간장에 찍어 드세요.

TIP 쑥갓이나 호박잎 위에 어채와 채소를 담으면 향도 좋고 보기도 좋아요.

마늘종무침

마늘종은 제가 젤 좋아하는 식재료 중 하나죠. '쫑'을 뽑아야 밑이 잘 든다고 해요. 한마디로 지혜로운 재활용 식재료지요. 아삭거리며 향이 좋고 영양도 풍부하고 가격도 저렴하니까 휘뚜루마뚜루 이용하면 좋아요.

재료 | 2인분
마늘종 200g(두 줌 정도)
양념장 저염고추장 1큰술, 조청 1큰술, 참기름 1큰술, 깨소금 약간

TIP 마늘종 대신 풋마늘, 쪽파, 미나리, 쑥갓 등 향이 강한 향신채를 이용하면 좋아요.

이렇게 만드세요

1. 마늘종은 씻어 길이 3cm로 자르세요.
2. 자른 마늘종은 끓는 물에 10초 정도 데친 다음 찬물에 식히고 물기를 빼세요.
3. 양념장에 무치세요.

TIP 마늘종을 찬물에 5분 정도 담가두면 매운맛이 사라져요.

春 08

소박하지만
기억에 남는
손님상

+ 연근사태찜
+ 케일쌈밥
+ 도라지잣무침

손님 오면 뭘 할까, 늘 고민이죠. 예전엔 상다리가 부러지게 이것저것 다 차려놓았지만 요즘은 서너 가지만 딱 준비해서 상차림을 하는 게 더 맛나게 먹을 수 있어서 좋더라고요. 인상에도 남고요. 흔한 샐러드 대신 도라지무침을, 고기 요리로는 제철 연근을 넣어서 찜을 해보세요. 식사로는 가볍게 케일쌈밥을 준비하면 두고두고 잊지 못할 성찬이 되겠지요.

연근사태찜

갈비찜은 너무 기름기가 많고 사태찜은 좀 퍽퍽하죠. 그렇다면 감자나 무 대신
연근을 넣은 사태찜을 준비해보세요. 연근의 섬유질이 사태의 퍽퍽함을 중화시키고
맛은 달큰하고 식감은 부드럽게 해준답니다.

재료 | 2인분

사태 300g(세 줌 정도), 연근 200g(두 줌 정도), 표고버섯 5장, 식초물(물 2컵+식초 2큰술)
양념장 저염간장 3큰술, 조청 2큰술, 후춧가루 약간, 다진 마늘 1큰술

TIP 사태가 없다면 안심이나 우둔살 등을 푹 쪄서 요리해도 맛있어요.

이렇게 만드세요

1. 사태는 찬물에 2시간 정도 담가 핏물을 빼세요.
2. 연근은 껍질을 벗기고 한 입 크기로 썬 다음 식초물에 데치세요.
3. 표고버섯은 30분 정도 미지근한 물에 불린 후 물기를 짜고 2~4등분 하세요.
4. 사태를 한 입 크기로 썬 후 냄비에 담고 물을 자작하게 부으세요.
5. ④에 연근과 버섯, 양념장을 넣고 사태가 다 익을 때까지 끓이세요.

TIP 고기찜을 할 때는 고기의 핏물을 깨끗이 빼야 찜이 맑고 맛나게 만들어져요. 모든 찜은 처음에 뚜껑을 닫고 끓이다가 재료가 거의 익으면 뚜껑을 열고 조려야 윤기가 나고 맛나게 조려져요.

케일쌈밥

갈아만 먹던 쌉싸래한 케일. 쌈밥으로 만들어 먹으면 식욕을 더욱 돋우어준다는 사실을 아시나요? 거기에 쌈장으로 살짝 간을 맞추면 금상첨화지요.

재료 | 2인분
밥 2공기, 케일 100g(한 줌 정도), 참기름 1큰술, 깨소금 약간
쌈장 저염된장 2큰술, 으깬 두부 30g(⅛모 정도), 발효액 2큰술, 참기름 1큰술, 다진 마늘 1큰술, 다진 파 2큰술, 다진 풋고추 1개분

이렇게 만드세요
1. 케일은 씻은 다음 끓는 물에 30초 정도 데치고 찬물에 헹궈 물기를 빼세요.
2. 밥에 참기름과 깨소금을 넣고 잘 비벼 놓으세요.
3. 데친 케일잎에 밥 한 수저를 얹은 후 돌돌 말아요.
4. 쌈장을 분량대로 잘 섞어 쌈밥에 조금씩 얹어 드세요.

TIP 케일 대신 곰취, 산마늘잎, 머윗잎, 호박잎을 이용해도 좋아요.

봄에 나는 도라지는 인삼만큼 사포닌 성분이 많아서 건강에도 그만이지요.
도라지를 잣 소스에 무쳐내면 맛과 영양, 둘 다 챙길 수 있어요. 평범한 재료로
고급스러운 분위기를 낼 수 있는 것은 물론이고요.

도라지잣무침

재료 | 2인분
도라지 200g(두 줌 정도)
잣 소스 잣 3큰술, 저염간장 1큰술, 식초 1큰술, 발효액 2큰술

이렇게 만드세요
1. 도라지는 소금으로 살짝 비벼서 물에 헹군 뒤 물에 담가 놓으세요.
2. 잣 소스 재료를 분량대로 넣고 믹서에 갈아요.
3. 도라지 물기를 빼고 잣 소스와 함께 조물조물 무쳐 주세요.

TIP 도라지생채 하면 보통 초고추장으로 무치잖아요. 이번에는 도라지의 색감과 질감을 그대로 느낄 수 있게 하얀 잣 소스에 무쳐보세요. 잣이 없다면 집에 있는 견과류(땅콩, 아몬드, 호두 등)를 넣어도 좋고요. 통깨를 넣어도 맛나답니다.

春09

삼삼하고
달달한
봄날의 브런치

+ 쑥콩설기
+ 발효액차

봄 하면 쑥이 떠오르는 건 저만 그런가요? 봄쑥을 안 먹으면 병이 날 정도랍니다. 다른 보양식이 필요 없는 쑥으로 설기떡을 만들면, 간식으로는 물론이고 한 끼 식사로도 손색이 없어요. 거기에 발효가 잘된 차 한 잔을 마시면 신선이 따로 없지요.

쑥콩설기

어린 애쑥은 애탕국이며 쑥버무리를 하고, 조금 더 자란 쑥은 설기떡을 쪄먹어요.
거기에 콩을 듬성듬성 넣어주면 영양도 만점이죠.

재료 | 2인분
쌀가루 600g(여섯 줌 정도), 쑥 50g(반 줌 정도),
콩 100g(한 줌 정도), 물 3큰술, 소금 ½작은술, 원당 3큰술

이렇게 만드세요
1. 쌀가루에 물을 넣고 잘 비빈 후에 체에 두 번 내리세요.
2. ①에 소금과 원당을 넣고 잘 섞으세요.
3. 쑥은 10초 데쳐 잘게 다지고 콩은 물에 불려 놓으세요.
4. ②에 쑥과 콩을 넣고 잘 섞은 후, 찜통에 젖은 면보를 깔고 30분간 찌세요.
5. 10분 뜸을 들인 후 드세요.

TIP 시골에서는 골담초꽃, 느티나무 어린잎 등을 넣고 설기떡을 쪄먹기도 해요.

발효액차

계절마다 나오는 과일이나 약리 성분이 있는 풀로 발효액을 만들어 두었다가 물에 희석해서 타먹으면 정말 시원하고 맛있어요. 산야초, 구기자, 오미자, 개복숭아, 매실, 오디, 구지뽕, 보리수, 앵두, 감, 연근 등 원하는 재료를 골라 발효액차를 만들어 보세요.

재료 | 원하는 만큼
여러 가지 풀이나 나물, 각종 과일, 제철 과일, 원당 적당량, 천일염 약간

이렇게 만드세요

1. 풀이나 나물(혹은 과일)을 원당과 1:1 비율로 섞고, 천일염을 약 3% 농도로 넣어서 바람이 잘 통하며 건냉한 곳에 보관하세요.
2. 3달 후 체에 원액만 걸러 내세요.
3. 원액:물=1:5 정도 비율로 타서 드세요.

TIP 미생물이 들어 있는 발효액차는 되도록 차가운 물에 타서 드시고 가열하지 않는 게 좋아요. 단, 음식에 넣고 조리할 경우에는 향과 맛을 내는 용도이기 때문에 가열해도 괜찮아요.

春 10

봄내음이
살랑이는
아침상

+ 마구이와 꿀
+ 쑥미숫가루

아침 식사가 늘 걱정이세요? 그런데 밥도 빵도 지겹다고요? 그렇다면 마를 구워서 꿀과 곁들여 드셔 보세요.
마는 생으로 먹어도 좋지만 살짝 구우면 달큰한 것이 얼마나 맛나는지 몰라요. 여기에 쑥미숫가루를 곁들이면
속도 든든, 봄내음 살랑~ 아, 생각만 해도 상쾌한 아침이네요.

마구이와 꿀

끈적끈적하기만 하던 마를 구워 먹으면 색다르고 맛있어요.
마를 석쇠나 팬에 기름기 없이 구워서 꿀에 찍어 드셔 보세요. 매일 아침 이렇게 먹으면 위장병도 말끔히 사라져요.

재료 | 2인분
마 200g(두 줌 정도), 꿀 1큰술

이렇게 만드세요

1. 마는 껍질을 벗기고 도톰하게 썰어요.
2. 달군 석쇠에 마를 올리고 앞뒤로 살짝 구우세요.
3. 구운 마를 꿀에 찍어 드세요.

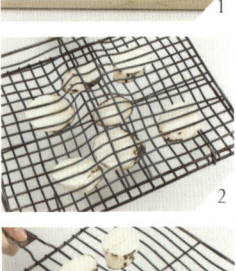

TIP 석쇠를 달군 상태에서 페이퍼타월에 기름을 약간 묻혀 석쇠에 발라주면 재료가 붙지 않아 좋아요. 요즘엔 석쇠를 많이 안 쓰니까요, 그릴팬에 구워도 괜찮아요.

쑥미숫가루

봄쑥에 설탕을 묻혀 그늘에서 말리고 가루를 내면 쑥가루가 되지요. 이걸 미숫가루와 함께 섞어 쑥미숫가루를 만들어 놓으면 일 년 내내 쑥향 가득한 차로 즐길 수 있답니다. 올봄에는 꼭 만들어두시길!

재료 | 2인분
쑥 1kg(크게 잡아 열 줌 정도), 원당 500g(2컵 정도),
미숫가루 적당량

이렇게 만드세요

1. 쑥은 끓는 물에 10초 정도 데쳐서 물기를 빼고 원당과 잘 버무린 후 그늘지고 바람 잘 통하는 곳에 널어 바싹 말리세요.
2. 말린 쑥을 믹서에 돌려 가루를 내세요.
3. 일반 미숫가루에 쑥가루를 1:1 비율로 섞으세요.
4. 물 1컵에 쑥미숫가루를 1큰술씩 타서 드세요.

TIP 쑥은 설탕에 버무려 바람이 잘 통하는 그늘에서 말려야 색이 곱게 나요. 요즘엔 가정용 건조기가 있으니 거기에 말려도 좋아요.

春 11

나른한 봄날
오후 4시의
티타임

+ 바나나케이크
+ 송화밀수

오늘은 홈메이드 케이크와 솔향 가득한 송홧가루차로 애프터눈티 어떠세요? 송홧가루가 날리면 늘 외갓집 장독대 생각이 나곤 해요. 할머니는 장독대 뚜껑을 열어 두시곤 했지요. 송홧가루가 장에 들어가야 장이 안 변하고 맛나다고요. 송홧가루 따서 모으시던 할머니 모습이 떠오르는 봄날 오후입니다.

바나나케이크

바나나 한 손을 사면 두세 송이는 꼭 검게 변해 버리기 일쑤지요. 그럴 땐 얼른 잘 익은 바나나를 꾹꾹 으깨서 바나나케이크를 만들어요. 바나나에 단맛이 가득 들어 있으니 설탕 양은 평소보다 반으로 줄이고요. 바나나가 나트륨을 배출하기 때문에 저는 '해독 케이크'라 부른답니다.

1

재료 | 2인분
잘 익은 바나나 4개, 밀가루 2컵, 달걀 2개, 식용유 ¼컵,
원당 ½컵, 소금 ½작은술, 베이킹파우더 1작은술,
베이킹소다 1작은술, 호두와 건포도 ¼컵씩, 바닐라향 1작은술,
계핏가루 1작은술

3

4

이렇게 만드세요
1. 달걀에 원당과 식용유, 소금을 넣고 잘 섞으세요.
2. ①에 잘 익은 바나나를 으깨서 넣으세요.
3. ②에 밀가루와 나머지 재료를 모두 넣고 잘 섞으세요.
4. ③을 사각틀에 넣고, 오븐을 180도로 10분 이상 예열한 후 1시간 동안 구우세요. 중간에 젓가락으로 가운데 부분을 찔러봐서 반죽이 묻어나지 않으면 다 익은 상태예요.

TIP 바나나로 촉촉한 식감과 단맛을 낸 건강 케이크예요. 미리 만들어서 냉동실에 얼려놓았다가 먹기 30분 전에 꺼내놓으면 방금 만든 것처럼 촉촉해요.

송홧가루에 꿀물을 타서 마시면 신선이 된 기분이랍니다. 송화에는 정장 작용과 항염 작용도 있다고 하니 맛난 약이라고 생각하고 많이 많이 먹자고요.

송화밀수

재료 | 2인분
송홧가루 2큰술, 꿀 2큰술, 물 2컵

이렇게 만드세요

1. 송홧가루에 꿀을 섞으세요.
2. 물을 넣고 골고루 저어 드세요.

TIP 송화는 소나무의 꽃가루를 말하지요. 송화밀수는 송홧가루에 꿀을 탄 것인데 옛날 궁중에서 마시던 음료랍니다.

02

여름의. 저염밥상.
간간하고 시원한.

전 매일 여름 텃밭으로 장보러 나와요.
싱싱한 고추와 오이, 상추와 애호박과 가지들이
매일매일 깜짝 놀랄 만큼 무럭무럭 자라죠.
방울토마토도 종알종알 열리고 감자도 캘 때가 됐네요.
채마밭을 가꾸다 보면
잡초와 벌레들하고도 자연스레 친구가 돼요.
잡초들도 가만 보면 예쁘고 사랑스럽지요.
지렁이며 무당벌레, 거미들도 귀엽게 보여요.
건강한 텃밭은 벌레도 잡초도 작물도
모두 어우러져 잘 지내는 작은 숲 같아요.
하지만 작물을 위해 양보해야 하니
뽑아주면서 미안하고 고맙다고 속으로 말합니다.
아침마다 한 바구니 따온 채소들로 밥상을 차리다보면
그 재료 하나하나가 얼마나 예쁜지요.
밥하기 전에 늘 감사기도를 하곤 해요.

夏01

날마다 신선하게
초간단
여름밥상

+ 강된장채소비빔밥
+ 토마토두부냉채
+ 상추나물

여름방학 때 할머니집 평상에서 먹었던 강된장비빔밥. 그 맛은 잊을 수 없어요. 텃밭에서 따온 여러 채소를 썰어 넣고 큰 양푼에 같이 비벼 덜어 먹던 그 비빔밥의 추억. 비슷하게나마 흉내내볼까요? 텃밭 채소로 꾸며본 초간단 여름밥상입니다.

강된장채소비빔밥

여러 가지 비빔밥이 있지만 여름엔 뭐니 뭐니 해도 강된장 바글바글 끓여서 보리밥에 쓱쓱 비벼먹는 그런 맛! 텃밭에서 직접 기른 채소를 숭숭 썰어 넣고 비벼먹으면 여름이 꿀꺽 이 배 속으로 들어오지요.

재료 | 2인분
밥 2공기, 상추 5잎, 부추 30g(⅓줌 정도), 열무김치 50g(반 줌 정도), 오이 30g(5cm 길이 정도), 다시마멸치국물 ½컵(p.58)
강된장 양념 저염된장 2큰술, 으깬 두부 30g(⅓줌 정도), 풋고추 2개, 다진 양파 ¼컵, 다진 마늘 1큰술, 송송 썬 파 2큰술

이렇게 만드세요
1. 다시마멸치국물에 강된장 양념을 넣고 바글바글 끓이세요.
2. 상추와 열무김치는 먹기 좋게 썰고, 오이는 채 썰고, 부추는 4cm 길이로 자르세요.
3. 밥에 상추, 오이, 부추와 열무김치를 담고 끓인 강된장을 곁들여 드세요.

TIP 저염된장에 으깬 두부를 넣어 염도를 줄인 강된장이에요. 더 심심하게 먹고 싶으면 감자를 넣어보세요. 익힌 감자를 으깨서 강된장을 만들면 맛있는 저염강된장이 완성되지요. 단, 두부와 감자는 여름에 잘 상하는 재료들이니 꼭 조금씩 만들어 짧게 보관하세요.

토마토두부냉채

'토마토카프레제'란 이탈리아 요리를 우리 식으로 만들어봤어요. 생모차렐라치즈 대신 두부를 이용했고요. 맛은 완전 성공! 콩의 단백질을 모아 모아서 탄생한 냉두부와 밭에서 완숙한 토마토의 그 상큼하고 고소한 조화라니… 어서 빨리 맛보자고요.

재료 | 2인분
방울토마토 150g(한 줌 반 정도), 두부 ⅓모
소스 저염간장 1큰술, 식초 1큰술, 발효액 1큰술, 식용유 1큰술, 다진 청양고추 1개분, 다진 마늘 1큰술

TIP 방울토마토 대신 토마토를 깍둑썰기 해도 돼요.

이렇게 만드세요
1. 방울토마토는 씻은 후 반으로 자르고 두부도 같은 크기로 자르세요.
2. 소스 재료를 분량대로 잘 섞으세요.
3. 방울토마토와 두부를 먹기 직전에 소스에 버무리세요.

TIP 더워서 밥 생각 없는 여름엔 이런 냉채 스타일의 새콤달콤한 요리가 입맛을 돋워주지요. 채소와 콩 단백질이 가득한 영양 가득 냉채이니 마음껏 드세요.

상추나물

상추는 쌈이나 싸먹는 거라고요? 여름상추를 살짝 데쳐 무쳐먹으면 쌉싸래한 것이 얼마나 맛있다고요! 일단 한 번 해먹어 보면, 이제 여름 내내 무쳐 드시게 될 거예요.

재료 | 2인분
상추 200g(두 줌 정도)
양념장 저염간장 1큰술, 고춧가루 1작은술, 다진 마늘 2작은술, 다진 파 1큰술, 들기름 1큰술, 깨소금 약간

이렇게 만드세요

1. 상추는 씻어 끓는 물에 10초 정도 데치고 찬물에 헹군 후 물기를 빼세요.
2. 양념장에 데친 상추를 무치세요.

TIP
상추생절이는 아삭하면서 쌉싸래한 맛이 좋고요, 이렇게 데쳐서 무친 상추나물은 부드러우면서 쌉싸래한 것이 입맛을 당겨요. 생으로 먹으면 얼마 못 먹던 상추를 이렇게 데쳐 무치면 아주 많이 먹을 수 있답니다.

夏02

더위야
물렀거라
특식

+ 서리태콩국수
+ 오이선

콩국수 없는 여름은 상상할 수 없네요. 조금 더 맛나게 서리태로 콩국수를 만들어 봤어요.
소면 삶아서 콩국물에 얼음 띄워 말아 먹으면 더워야 물렀거라, 삼복도 멀리 도망치네요.
거기에 전통 전채 요리인 오이선을 곁들이면 손님이 와도 문제없어요.

서리태콩국수

콩국수는 보통 메주콩인 백태로 만들지만 서리태로 만들면 더 맛나답니다. 물에 충분히 담갔다가 푹 삶아서 곱게 갈면 고소하고 담백한 콩국수 완성.

재료 | 2인분
서리태 1컵, 소면 200g(엄지와 검지로 오백 원짜리 동전만 하게 국수를 잡으면 1인분, 두 번 쥐면 2인분), 오이 1개, 토마토 1개, 소금 약간

이렇게 만드세요

1. 서리태는 씻어 물에 3시간 이상 불리세요.
2. 국수는 삶아 찬물에 헹군 후 사리 지어 놓으세요.
3. 불린 서리태의 껍질을 벗기고 냄비에 넣은 후 물을 넉넉히 넣고 20분 정도 삶으세요.
4. 삶은 서리태를 깨끗이 헹구고 믹서에 곱게 갈아요.
5. 오이는 채 썰고 토마토는 먹기 좋게 한 입 크기로 썰어요.
6. 삶은 국수에 ④의 콩물을 붓고 오이와 토마토를 얹어 내세요.

TIP
예전에는 콩국수의 콩을 삶을 때, 비린내가 가실 정도로만 살짝 삶으라 했지만 제가 직접 해머어보니 충분히 삶는 게 훨씬 더 고소해요. 백태(메주콩)로 콩국수를 만들 때는 굳이 껍질을 벗기지 말고 그대로 불린 후 삶아서 갈아 쓰세요. 훨씬 고소해요.

오이선

제가 좋아하는 전채 요리 중 하나예요. 여름마다 꼭 몇 번씩 해먹지요. 오이가 이렇게 단장하고 나오니 멋쟁이 중의 멋쟁이죠. 외국 손님들도 오이선을 아주 좋아했어요.

재료 | 2인분
오이 1개, 달걀 1개, 당근 ¼개, 표고버섯 5장, 소금물(물 3컵+소금 1작은술), 식용유 1큰술, 간장 ½작은술, 원당 ¼작은술
단촛물 식초 4큰술, 원당 1큰술, 물 2큰술, 소금 약간

TIP 오이 대신 가지나 애호박으로 만들어도 돼요. 단, 가지와 애호박은 살짝 볶아서 쓰세요.

이렇게 만드세요

1. 오이는 길게 반으로 가른 후 먹기 좋게 토막내고, 각각 어슷하게 세 번 칼집을 넣으세요.
2. 자른 오이를 소금물에 15분 정도 절이세요.
3. 달걀은 지단을 부친 후 채 썰어요. 당근은 곱게 채 썰어 팬에 식용유를 두르고 살짝 볶으세요. 표고버섯은 불린 후 물기를 짠 다음 채 썰고, 팬에 간장과 원당을 넣고 볶으세요.
4. 소금물에 절인 오이의 물기를 손으로 꼭 짜세요.
5. 오이의 칼집 사이에 ③의 달걀, 당근, 표고버섯을 넣으세요.
6. 먹기 직전에 단촛물을 뿌리세요.

옛 음식에 '~선'이 종종 나오지요. 이때 '선'은 채소 요리에 고명을 끼워 넣고 만든 음식을 일컬어요. 여름에 흔한 오이로 조금 성성 들여 오이선을 만늘낸 새콤달곰 정말 맛난 요리가 되지요. 정통 요리법은 절인 오이를 기름에 볶아 쓰는 것이지만, 전 좀 더 개운하게 그냥 쓴답니다.

1

3

4

5

6

夏 03

파이팅
채소들의 힘찬
응원의 밥상

+ 풋고추잡채
+ 미역된장냉국
+ 채소전
+ 당근샐러드

"더워 더워 하면 더 덥다. 가만 앉아 있음 어디선가 바람이 분다." 할머니는 늘 그렇게 말씀하시면서 여름을 나셨어요. 여름밥상은 간소하기 짝이 없지만 그 간소함 속에 여름을 이길 힘이 들어 있지요. 당근, 풋고추, 여러 채소들… 모두 여름을 이기는 파이팅 채소들입니다.

풋고추잡채

홍고추가 되기 전의 푸른 고추를 풋고추라 해요. 이 풋고추는 비타민C의 집이나 마찬가지예요. 매일 풋고추 3개만 먹으면 영양제가 따로 없다잖아요. 그럼 오늘은 살짝 볶아서 잡채로.

재료 | 2인분
풋고추 200g(두 줌 정도), 돼지안심 200g(두 줌 정도), 식용유 1큰술
양념 저염간장 1큰술, 원당 1작은술, 참기름 2작은술, 다진 마늘 2작은술, 후춧가루 약간

> **TIP** 풋고추 대신 피망이나 파프리카를 사용해도 됩니다.

이렇게 만드세요
1. 돼지고기는 채 썰어 양념에 30분간 재워두세요.
2. 풋고추는 씻은 후 반을 갈라 씨를 털고 채를 썰어요.
3. 팬에 식용유를 두르고 돼지고기를 볶다가, 고기가 거의 익으면 풋고추를 넣어 살짝 볶아주세요.

> **TIP** 재빨리 섞는다는 느낌으로 가볍게 볶아야 풋고추의 아삭한 식감이 살아요.

미역된장냉국

여름에 빠지지 않는 냉국. 오이냉국, 가지냉국도 좋지만 미역된장냉국은 지친 심신을 회복시켜주는 일등공신이랍니다. 옅은 토장국에 미역이 들어가서 더 맛있어요.

재료 | 2인분

불린 미역 100g(한 줌 정도), 저염된장 1큰술, 다시마멸치국물 5컵(p.58)

이렇게 만드세요

1. 미역을 10~15분 정도 불리세요.
2. 다시마멸치국물에 저염된장을 풀고 한소끔 끓이세요.
3. ②의 된장국이 식으면 냉장실에 차게 보관하세요.
4. 먹기 전에 불린 미역을 잘게 썰어 된장국에 넣으세요.

TIP
토장국(된장국)을 베이스로 냉미역국을 만들어 먹으면 갈증을 식히는 동시에 땀으로 빠져나간 수분을 보완해줘요. 심심하게 넉넉히 만들어 놓고 냉장고에 넣어 놓았다가 땀을 많이 흘렸을 때 한 그릇씩 드셔 보세요.

채소전

먹다 남은 여름채소를 숭숭 썰어 넣고 후루룩 부쳐 먹는 채소전. 생각보다 맛있네요.
채소전 맛나게 먹을 수 있는 건 모두 홈메이드 저염간장 덕분이죠.

재료 | 2인분
부추, 애호박, 깻잎, 풋고추, 당근 등 여름채소 200g(두 줌 정도), 식용유 3큰술
밀가루집 밀가루 1컵, 물 1⅓컵, 저염간장 1큰술, 참기름 또는 들기름 1큰술

이렇게 만드세요
1. 채소들은 모두 채 썰어 밀가루집에 넣고 잘 섞으세요.
2. 한 국자씩 떠서 식용유 두른 팬에 지져 내세요.

곁들여요

당근샐러드 | 당근을 씻은 후 곱게 채 썰고,
먹기 직전에 양념장에 버무리세요.
재료 당근 2개
양념장 식용유 1큰술,
저염간장 1큰술, 다진 마늘 1큰술,
식초 1큰술, 발효액 1큰술, 후춧가루 약간

TIP
만들기 정말 쉽지요? 집에 있는
채소들을 모두 채 썰어 넣고
부치면 간단하게 맛도 영양도
다 잡을 수 있어요.

夏 04

기운 없는 날
입맛 돋우는
분식

+ 애호박선
+ 열무비빔국수
+ 당근초무침

점심 한 끼 정도는 분식으로 먹어보는 것도 좋죠. 더운 여름에 국수는 입맛을 살리고 후루룩 먹기도 좋아요. 여름 하면 열무김치! 여름채소로 한두 가지 요리를 더하면 무더위를 지켜주는 건강식이 되겠네요.

여름의. 저염밥상.

애
호
박
선

늘 된장찌개에 넣어 먹는 애호박으로 멋진 일품 요리를 만들었어요.
이렇게 새우살을 가운데 넣고 먹으니 임금님 수라상을 받는 것 같네요.

재료 | 2인분
애호박 2개, 새우살 100g(한 줌 정도), 참기름 1작은술, 다진 마늘 ½작은술,
소금물(물 3컵+소금 1큰술), 물 ½컵
양념장 간장 1큰술, 원당 1작은술

이렇게 만드세요
1. 애호박은 3cm 두께로 썰고, 가운데에 십자로 칼집을 낸 후 소금물에 30분 정도 절이세요.
2. 절인 애호박 가운데를 숟가락으로 파내세요.
3. 새우살은 잘게 다지고 참기름과 다진 마늘로 밑간을 하세요.
4. 호박 가운데에 밑간한 새우살을 넣으세요.
5. 냄비에 ④의 애호박을 넣고 물을 넣고 양념장을 넣고 10분 정도 끓이세요.

TIP 냄비에 약간 물기가 남을 정도로 끓이세요. 속에 넣은 고명이 다 익어야 해요. 새우살 대신 닭고기나 쇠고기를 갈아 양념해서 넣어도 좋아요.

열무비빔국수

여름철 내내 담가 먹는 열무김치에 국수를 비벼먹으면 시원하고 산뜻해요.
국수 싫으면 비빔밥으로라도!

재료 | 2인분
국수 200g(양 가늠하는 법은 p.151 참고), 열무김치 100g(한 줌 정도), 오이 ½개
양념장 저염고추장 2큰술, 간 양파 ½개분, 식초 2큰술, 발효액 1큰술, 원당 1큰술, 참기름 1큰술

이렇게 만드세요

1. 국수는 끓는 물에 삶은 후 찬물에 헹궈 사리를 지어 놓으세요.
2. 오이는 씻은 후 채 썰어 놓으세요.
3. 삶은 국수에 열무김치와 김칫국물을 약간 넣고 오이채를 올린 후 양념장을 한 숟가락 얹으세요.

TIP
국수 삶을 때는
물을 3번 정도 부으세요.
쫄깃하니 딱 맛있게
삶아진답니다.
현미국수를 이용하면
더욱 좋아요.

당근초무침

어렸을 땐 채소를 초고추장에 무쳐주면 정말 먹기 싫었던 기억이 나요.
그런데 나이가 들면 이런 안 먹던 채소들이 구미에 당겨요. 비로소 철이 드는 거죠.
당근초무침 역시 그런 철든 요리랍니다.

재료 | 2인분
당근 1개, 식용유 1큰술
초고추장 저염고추장 1큰술, 식초 1큰술, 발효액 1큰술, 조청 1큰술, 다진 마늘 2작은술

이렇게 만드세요
1. 당근은 씻어 반을 갈라 도톰하게 반달썰기 하세요.
2. 끓는 물에 식용유를 넣고 당근을 5분 정도 삶은 후 건져 그대로 식히세요.
3. 당근이 식으면 초고추장에 무치세요.

TIP
당근은 자체에 단맛이 많으니 초고추장에 조청을 조금 적게 넣어도 괜찮아요. 당근은 익혀서 먹는 게 소화가 잘 되고요, 비타민A의 흡수를 돕기 위해 삶을 때 기름을 넣어주면 더욱 좋아요.

夏 05

땀 흘리지
않아도 되는
보양식

+ 닭겨자냉채
+ 가지밥

한두 가지 요리로 거뜬하게 밥상을 차려 보세요. 그것도 폼 나게요. 여름에 차가워진 배 속을 덥혀주는 보양식 닭고기와 겨자, 보랏빛 향기 여름가지로 가지밥을 지어서 번듯하게 차려내면 스스로가 자랑스러워질 거에요.

닭겨자냉채

요즘 닭가슴살이 건강식으로 유행이지요. 그만큼 고단백·저지방·저칼로리 음식이지요. 여기에 채소까지 곁들여 겨자 소스를 더하면, 정말 멋지고 맛있는 일품요리가 됩니다.

재료 | 2인분

닭가슴살 200g(두 덩어리 정도), 피망 ½개, 오이 ¼개, 대파 1대, 당근 ¼개, 적양배추 30g(¼토막 정도), 저염간장 1큰술, 후춧가루 약간, 청주 1큰술
겨자 소스 식초 2큰술, 발효액 2큰술, 저염간장 2큰술, 겨자 갠 것 1큰술
닭살 양념 저염간장 1큰술, 청주 1큰술, 후춧가루 약간

이렇게 만드세요

1. 닭가슴살에 저염간장과 후춧가루, 청주를 뿌려 30분 재웠다가 찜통에 찌세요.
2. 익힌 닭가슴살을 차게 식힌 후 길게 찢어 놓으세요.
3. 채소들은 씻어 5~6cm 길이로 썰어요.
4. 접시에 채소들을 돌려 담고 닭가슴살을 얹은 후 겨자 소스를 뿌리세요.

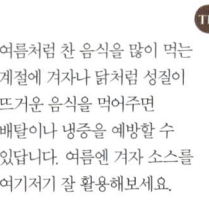

TIP 여름처럼 찬 음식을 많이 먹는 계절에 겨자나 닭처럼 성질이 뜨거운 음식을 먹어주면 배탈이나 냉증을 예방할 수 있답니다. 여름엔 겨자 소스를 여기저기 잘 활용해보세요.

찹쌀에 가지를 넣고 밥을 하면 찹쌀의 끈기와 가지의 달콤함이 어울려서 여름 별미밥이 되지요. 거기에 돼지살코기까지 넣으면 밥 하나로 식사 끝!

가지밥

재료 | 2인분
찹쌀 2컵, 가지 1개, 돼지고기(살코기) 100g(한 줌 정도), 참기름 1큰술
돼지고기 양념 저염간장 1작은술, 다진 마늘 1작은술, 후춧가루 약간

이렇게 만드세요

1. 찹쌀은 씻어 10분 불린 후 건지세요.
2. 돼지고기는 채를 썰고 양념에 버무리세요.
3. 가지는 씻어 길게 반을 가른 후 어슷하게 썰어요.
4. 팬에 참기름을 두르고 돼지고기를 볶다가 반쯤 익으면 가지를 넣고 같이 볶아 완전히 익히세요.
5. 찹쌀에 볶은 돼지고기와 가지를 넣고 물을 평소보다 조금 덜 잡아 밥을 지으세요.
6. 밥이 다 되면 골고루 섞어 푸세요.

2

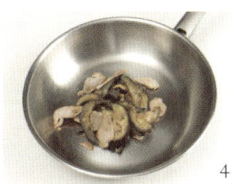

4

5

TIP
찹쌀은 찰기가 있어서 멥쌀보다 약간 밥물을 덜 잡게 되는데(찹쌀:물=1:0.9) 여기는 수분이 있는 가지가 들어갔으니 찹쌀:물을 1:0.8 정도로 부어주세요.

夏 06

한여름
아주
소박한 만찬

+ 노각나물
+ 피망닭고기볶음
+ 보리밥
+ 머윗대들깨볶음
+ 양파김치

한여름으로 치닫고 있네요. 더위와 장대비 틈 속에서 가지며 오이며 채소들이 쑥쑥 자라는 게 참 신기합니다.
아침 일찍 텃밭에 갔다가 몽둥이만 한 노각을 발견하면 도깨비 방망이 줍는 것처럼 신바람이 나지요.
그늘진 둔덕에는 머윗대가 굵게 자랐네요. 얼른 잘라다가 삶아서 반찬 만들 생각에 더위도 잠시 잊고 가네요.

노각나물

여름에 늙은 오이 한 번 안 먹고 지나가면 서운해요. 그냥 청오이와는 다른 아삭하고 새콤한 맛이 있거든요. 몸을 시원하게 해주니까 여름엔 꼭 늙은 오이, 잊지 말고 먹기로 해요.

재료 | 2인분
노각 300g(한 뼘 크기 정도), 소금 ½작은술
양념장 고춧가루 1큰술, 저염간장 1큰술, 다진 마늘 2작은술, 식초 1큰술, 원당 2작은술, 발효액 1큰술

이렇게 만드세요

1. 노각은 껍질을 벗기세요.
2. 껍질 벗긴 노각을 반으로 가르고 숟가락으로 씨를 훑어내세요.
3. 노각을 먹기 좋게 얇게 썬 후 소금에 15분 정도 절이세요.
4. 노각에서 물기가 배어나오면 면보에 싸서 물기를 꼭 짜세요.
5. 양념장을 분량대로 섞어 노각과 골고루 무치세요.

TIP 노각(늙은 오이)은 수분을 보충하고 비타민이 많아 더위에 지친 몸에 활력을 줘요. 그냥 오이, 수박속 등도 이렇게 무쳐 먹으면 좋아요.

피망닭고기볶음

땀을 많이 흘리니 수분도 보충해야 하지만 빠져나간 단백질도 질 좋은 고기로 먹어줘야 해요. 이땐 닭고기가 제일 좋죠. 닭고기에 한창 달고 물이 많은 피망을 넣어서 한 접시 볶으면 나에게 떳떳한 마음이 들어요.

재료 | 2인분
닭안심 200g(두 줌 정도), 피망 100g(한 줌 정도), 식용유 1큰술, 다진 마늘 1큰술
닭고기 양념 저염간장 1큰술, 발효액 1큰술, 원당 2작은술, 후춧가루 약간

이렇게 만드세요
1. 닭안심은 한 입 크기로 썰어 양념에 30분 이상 재우세요.
2. 피망은 씻어 반을 가르고, 꼭지와 씨를 털고 한 입 크기로 썰어요.
3. 팬에 식용유를 약간 두르고 다진 마늘을 넣어 색이 나도록 볶다가, 재워둔 닭고기를 넣어 같이 볶으세요.
4. 닭고기가 거의 익으면 피망을 넣고 살짝 더 볶으세요.

TIP 닭가슴살과 닭안심은 지방이 적고 단백질이 풍부해요. 하지만 먹는 질감은 좀 다르죠. 가슴살은 퍽퍽하고 안심은 부드러워요. 냉채 등을 만들 때는 가슴살을 찢어 사용하지만 그냥 굽거나 볶음용은 안심이 훨씬 맛이 좋아요.

보리밥

겨울엔 조밥, 여름엔 보리밥이 정석이죠. 보리는 가을에 심어 늦봄에 거두고,
그때부터 추석 전까지 먹는답니다. 소화가 잘 되고 몸의 열을 내려 더위를 예방하지요.
여름엔 꼭 보리밥!

재료 | 2인분
쌀 1컵, 통보리 1컵, 물 적당량

TIP 통보리가 나올 때 통밀도 나와요. 통밀밥도 맛있답니다!

이렇게 만드세요

1. 쌀과 통보리는 각각 깨끗이 씻은 후 10분 정도 불리세요.
2. 통보리에 물을 넉넉히 붓고 15분 정도 삶으세요.
3. 씻어둔 쌀에 삶은 통보리를 넣고 골고루 섞어준 후 밥을 지으세요.

TIP 쌀·보리와 물의 비율을 1:1로 잡아 밥을 지으세요. 삶은 보리이기 때문에 물을 많이 잡지 않아도 돼요.

머윗대 들깨 볶음

참 착한 머위나물. 봄에는 어린잎들을 따다가 조물조물 무쳐 먹고요, 여름 되면 굵어진 대를 베어다 달달 볶아 먹지요. 늦여름에 머위밭을 지나다가 깜짝 놀랐어요. 그렇게 뜯어 먹었는데도 이렇게 한아름 멋진 꽃을 피워내다니요.

재료 | 2인분
머윗대 200g(두 줌 정도), 식용유 1큰술
양념 들깨 2큰술, 저염간장 1큰술, 다진 마늘 1큰술, 다진 파 1큰술

TIP 머윗대는 고구마줄기로 대체 가능해요.

이렇게 만드세요
1. 머윗대는 껍질을 벗긴 후 끓는 물에 10초 정도 데치고 4cm 길이로 썰어요.
2. 팬에 식용유를 두르고 머윗대와 양념을 넣고 볶으세요.

TIP 다 볶아진 나물은 한김 식은 후에 꼭 손으로 다시 한 번 주물러주세요. 그래야 나물이 차분해지고 간과 양념이 쏘옥 잘 밴답니다.

양파김치

여름의 별미김치 중 하나가 바로 양파김치랍니다. 만들기는 또 얼마나 쉽다고요.
뚝뚝 썰어 적당히 양념해서 하루만 익혀도 새콤한 양파김치가 완성되지요.
몸에 좋은 건 두말할 나위 없고요.

재료 | 2인분
양파 5개, 쪽파 5대, 대파 1대, 소금 1큰술
양념 고춧가루 5큰술, 발효액 2큰술, 액젓 2큰술, 다진 마늘 2큰술, 다진 생강 1작은술, 원당 1큰술

이렇게 만드세요
1. 양파는 껍질 벗기고 씻은 후 사방 2cm로 썰어요.
2. 썰어둔 양파를 30분~1시간 정도 소금에 절이세요.
3. 대파와 쪽파는 씻은 후 송송 썰어 놓으세요.
4. 소금에 절인 양파에 대파, 쪽파, 양념을 넣고 잘 버무리세요.

TIP 양파를 절일 때 나오는 물기를 짜지 않고 그대로 버무려요. 양념에 다른 간이 없으니 그대로 간이 됩니다. 양파김치는 깍두기 담듯 편하게 담그면 돼요. 무보다는 조직이 연해서 쉽게 시어지니 조금씩 만들어 얼른 먹어요. 여름 김치는 살짝 절이는 게 좋아요. 오이나 고추, 가지 등으로도 별미김치를 담가보세요.

夏 07

친구를
부르고 싶은
주말 점심

+ 냉메밀국수
+ 풋고추튀김
+ 열무무침
+ 저염채소장아찌

주말에는 조금 여유가 생기지요. 그래도 번거로운 요리는 부담스러워요. 국수에 간단히 전이나 튀김 한 가지 맛나게 해서 나눠 먹으면 좋겠어요. 여름에 먹는 냉메밀국수는 누구나 부담 없이 즐길 수 있어서 좋지요. 소를 푸짐하게 넣어 튀긴 풋고추튀김도 인기 만점이랍니다. 갑자기 누가 찾아와서 같이 먹는다면 더 즐거울 것 같아요.

냉메밀국수

여름엔 메밀국수. 얼음 동동 띄워서. 입맛 잃기 쉬운 더운 여름날에 미각을 살려주네요. 만들기도 쉽고 먹기는 더 쉬운 국수지요.

1

2

3

재료 | 2인분
메밀국수 200g(양 가늠하는 방법은 p.151 참고), 와사비 1큰술, 무즙 2큰술, 채 썬 파 2큰술
장국 소스 다시마국물 3컵(p.58), 저염간장 5큰술, 원당 2큰술, 청주 2큰술, 발효액 2큰술

이렇게 만드세요

1. 메밀국수는 삶은 후 찬물에 헹구고 사리를 지어 놓으세요. 일반 국수와 같은 방법으로 삶으면 돼요.
2. 다시마국물에 저염간장과 원당, 청주를 넣고 한소끔 끓인 후 식힌 다음 발효액과 섞으세요.
3. 메밀국수에 무즙과 와사비, 채 썬 파를 곁들여 소스와 함께 내세요.

TIP 메밀은 찬 성질이라서 따뜻한 성질을 띠는 무즙이나 파, 와사비를 곁들이면 성질이 중화되지요. 시원하게 먹지만 몸은 보호하는 지혜랍니다.

풋고추튀김

요즘엔 고추도 종류가 많아졌어요. 튀김을 할 때는 조금 큰 풋고추가 좋아요. 고추에 소를 넣고 튀김옷을 입혀 튀겨내면 정말 맛난 튀김이 되지요. 가끔씩 기운 없는 여름날에 튀김… 아, 벌써 기분이 좋아졌어요.

재료 | 2인분
풋고추 12개, 돼지고기 간 것 100g(한 줌 정도), 두부 ¼모, 식용유 적당량
소 양념 저염간장 1작은술, 참기름 1작은술, 다진 마늘 1작은술, 후춧가루 약간
튀김옷 밀가루 1컵, 얼음물 1½컵, 달걀 1개

이렇게 만드세요

1. 풋고추는 씻어서 꼭지를 남기고 길게 배를 가르세요.
2. 두부는 으깬 후 돼지고기 간 것, 소 양념과 잘 섞고, 풋고추 속에 넣으세요.
3. 소를 넣은 풋고추에 밀가루를 한 번 묻힌 후, 튀김옷을 입혀 170℃의 기름에 튀기세요.

TIP
튀김 잘하는 비법을 알려드릴게요. 첫째, 튀김 반죽은 얼음물에 약간 묽게 반죽하고, 골고루 섞으려 하지 말고 대충 섞어서 튀겨요. 그래야 식감이 더 좋아요. 둘째, 밀가루를 한 번 묻힌 다음에 튀김옷을 입혀야 벗겨지지 않고 튀김옷이 잘 붙어 있어요. 셋째, 기름 온도를 잘 맞춰야 해요. 채소는 170℃에서 튀겨요. 온도가 낮으면 튀김이 기름지고, 높으면 타니까요.

열무무침

여름 대표 채소는 뭐니 뭐니 해도 열무지요. 쌉싸래하고 달큰한 맛이 더위를 식혀주거든요. 열무는 김치로만 드시지 말고 무침으로도 드셔 보세요. 살짝 데쳐 된장에 조물조물 무치면 맛난 나물 반찬이 된답니다.

재료 | 2인분
열무 300g(세 줌 정도)
양념장 저염된장 1큰술, 발효액 1큰술, 다진 마늘 2작은술, 다진 파 1큰술, 참기름 1큰술, 깨소금 약간

이렇게 만드세요
1. 열무는 씻어서 끓는 물에 10초 정도 데친 후 찬물에 헹구고 물기를 짠 다음 4cm 길이로 자르세요.
2. 양념장에 골고루 무치세요.

TIP 열무를 데쳐서 된장에 무치면 그 시골스러운 맛에 반할 거예요. 배추나 얼갈이도 데쳐서 무치면 생각보다 달큰하니 아주 맛나요. 단, 어린 줄기로 해야 질기지 않고 맛있어요.

저염채소장아찌

냉장고에 넘쳐나는, 먹다 남은 채소 꽁다리들… 한데 모아 슴슴하게 저염장아찌를 담갔다가 밥상에 내면 모두들 맛나게 먹지요. 어떤 채소라도 상관없답니다. 오늘 당장 트라이!

재료 | 1~2주 두고 먹을 분량
양파, 연근, 풋고추, 파란 토마토 등 채소 1kg(냉면사발 한 그릇 가득)
절임장 저염간장 1컵, 원당 1컵, 물 3컵, 식초 1컵, 발효액 ½컵

이렇게 만드세요
1. 채소는 씻어 한 입 크기로 썰어 놓으세요.
2. 식초와 발효액을 제외한 절임장 재료를 팔팔 끓인 후, 뜨거울 때 채소에 부으세요.
3. ②가 식으면 식초와 발효액을 넣고 잘 섞으세요.
4. 실온에서 이틀 정도 숙성시킨 후 냉장고에 두고 드세요.

TIP 장아찌나 피클을 담을 때는 내열 유리용기가 제일 좋지요. 유리병을 끓는 물에 한 번 소독하고요. 주둥이는 넓은 것보다는, 되도록이면 일자나 좁은 것이 공기 닿는 면이 적어 좋아요.

夏08

산뜻함을
채워주는
채식밥상

+ 감자밥
+ 양배추겉절이
+ 오이토마토무침

오늘 하루만큼은 채식밥상 어때요? 땀도 많이 나고 더위에 지친 몸에 수분과 미네랄을 보충해 주기로 해요. 외식이 잦거나 전날 고기를 많이 먹었다면 채식 메뉴가 해독에 도움이 되지요. 만들기도 간단하고 불을 안 쓰니 더울 염려도 없어요. 여름 전매특허 생채소를 아주 맛있게 먹을 수 있답니다.

감자밥

하지에 나와서 하지감자. 여름을 대표하는 뿌리채소이자 제일 먼저 심고 거두는 여름 작물이랍니다. 감자가 나오면 본격적으로 덥다는 옛 어르신의 말씀이 떠오르네요. 감자밥 먹으면 강원도로 놀러온 것 같아요.

재료 | 2인분
쌀 2컵, 감자 1개

이렇게 만드세요

1. 감자는 껍질을 벗기고 사방 2cm로 자르세요.
2. 쌀은 씻어 감자와 함께 냄비에 넣고 물과 쌀을 1:1로 잡아 밥을 지으세요. 감자는 수분이 거의 없으니 밥물 잡을 때 신경쓰지 않아도 돼요.

곁들여요

오이토마토무침 | 오이는 동그랗게 송송 썰고 토마토는 한 입 크기로 썰고, 먹기 직전에 양념장에 버무리세요.
재료 오이 1개, 토마토 2개
양념장 식용유 1큰술, 식초 1큰술, 저염간장 1큰술, 다진 마늘 2작은술

TIP 느타리버섯무침 등 버섯이나 나물 반찬 한 가지 정도 더 곁들이면 더욱 좋아요.

양배추겉절이

동남아시아를 여행할 때 그린파파야샐러드 드셔보셨나요? 태국의 '쏨땀' 같은거요. 짭조름새콤달콤… 온갖 맵고 강한 향신료를 돌절구에 퐁퐁 찧어 넣고 만드는 그네들의 김치. 저도 따라 만들어 봤어요. 양배추로요.

재료 | 2인분
양배추 200g(¼개 정도), 청양고추 1개
양념장 새우젓 1작은술, 식초 1큰술, 발효액 1큰술, 원당 1큰술, 다진 마늘 1큰술

TIP 양배추 대신 무, 당근, 오이로도 가능해요.

이렇게 만드세요
1. 양배추는 씻어 채 썰고 청양고추는 송송 썰어요.
2. 채 썬 양배추와 청양고추를 섞고 양념장으로 잘 버무리세요.

TIP 젓갈이 들어간 겉절이지만, 양배추가 쉽게 무르지 않아 만들어 두고 사나흘까지도 아삭거려요. 김치 대신 먹기 딱 좋지요.

夏09

여름을 붙잡고 싶어지는 식탁

+ 호박만두
+ 우뭇가사리깻국탕

여름마다 애호박이 한창일 때 꼭 한 번씩 해먹는 호박만두. 정말 만들기가 무섭게 없어져요.
둘이 먹다가 셋이 죽어도 모를 그런 맛. 거기에 후루룩 목 넘김이 예술인 우뭇가사리까지…
어쩌죠. 여름을 붙들고 싶네요.

호박만두

텃밭에서 예쁘고 아담한 애호박을 몽땅 따온 날은 어김없이 호박만두 찌는 날이에요.
더워도 만두피를 밀고 빚고 하다 보면 어느새 하루가 가곤 하지요.

재료 | 2인분
애호박 1개, 표고버섯 3장, 양파 ¼개, 소금 2작은술, 식용유 1작은술, 참기름 ¼작은술, 후춧가루 약간
밀가루 반죽 밀가루 1컵, 물 ¼컵

이렇게 만드세요
1. 밀가루 반죽을 해서 비닐에 밀봉한 후 실온에서 1시간 두세요.
2. 애호박과 양파는 채 썬 후 소금을 넣고 살짝 절이세요.
3. 표고버섯은 20~30분 정도 불린 후 물기를 짜고 곱게 채 썬 다음 팬에 살짝 볶으세요.
4. 소금에 절인 호박과 양파를 베보자기에 넣어 물기를 꼭 짜고 살짝 볶은 후 볶아놓은 표고버섯과 잘 섞으세요. 참기름과 후춧가루로 간을 하세요.
5. 밀가루 반죽을 방망이로 민 후 네모난 모양이 되게 자르세요.
6. ⑤의 만두피에 ④를 한 수저 올리고, 각 모서리를 붙여 사각 모양으로 빚으세요.
7. 김 오른 찜통에 만두를 넣고 10분 정도 찌세요.

TIP 속재료가 익었으니 10분만 쪄도 되지요. 쪄서 그냥 먹어도 좋고요, 냉국에 띄워 먹어도 좋아요.

우뭇가사리깻국탕

예전엔 시장에서 우뭇가사리 한 그릇 얻어먹으려 엄마 치맛자락을 붙잡고 돌아다녔어요. 오이냉국 새콤달콤하게 만들어 우뭇가사리 타서 먹으면 온몸이 서늘해지곤 했지요. 그런데 알고 보니, 깻국에 타 먹으면 더 맛나더라고요.

재료 | 2인분
우뭇가사리 1모, 오이 ½개, 볶은 참깨 ½컵, 물 2컵, 소금 약간

이렇게 만드세요

1. 우뭇가사리와 오이는 씻은 후 채 썰어 두세요.
2. 볶은 참깨에 물을 넣고 믹서에 곱게 갈아요.
3. ②의 참깨 국물에 채 썬 우뭇가사리와 오이를 넣고 소금으로 간을 맞춰 드세요.

TIP
우뭇가사리냉국은 깻국도 좋고 콩국도 좋아요. 모두 다 번거롭다면 식초 넣어 새콤달콤 냉국 만들어 타 먹어도 별미랍니다.

夏 10

온 가족 둘러앉아
알콩달콩 먹는
건강식

+ 우럭매운탕
+ 수박나물
+ 꽈리고추멸치볶음
+ 쑥갓두부무침

할머니는 종종 "벚꽃 피니 새우젓 담글 때너라, 애호박 열리니 민어가 맛들 철이구나, 쑥갓이 나오는 걸 보니 조기가 알 뺄 때구나" 하고 말씀하셨어요. 어찌 그렇게 철철이 때를 따라 열매 맺고 물고기가 살이 오르는지요. 한여름에 모깃불 피우고 평상에 앉아 수박이나 참외를 먹던 그 시절이 그리운 여름날입니다. 오늘은 한여름 재료로 건강식을 만들어 식구들과 한상에 오순도순 얼굴 묻고 먹어 보려고요.

우럭매운탕

애호박과 쑥갓을 보면 늘 아버지가 즐기시던 매운탕 생각이 나요. 고추장 한 술 풀고 호박이랑 쑥갓 넣은 개운한 우럭 매운탕. 아버지를 한 번 집으로 초대해야겠어요.

재료 | 2인분
우럭 1마리, 애호박 ¼개, 쑥갓 50g(반 줌 정도), 무 100g(⅛개), 대파 1대, 다시마국물 6컵(p.58)
양념 저염된장 1큰술, 저염고추장 2큰술, 고춧가루 1큰술, 저염간장 1큰술, 다진 마늘 1큰술, 생강편 2~3개

> **TIP** 민어로 끓여도 맛있어요.

이렇게 만드세요

1. 우럭은 칼등으로 비늘을 긁어내고 지느러미를 자른 뒤에 배를 갈라 내장을 빼고 깨끗이 씻어요.
2. 손질한 우럭을 세 토막으로 자르세요.
3. 애호박은 반달 모양으로 썰고, 무는 네모지게, 대파는 어슷하게, 쑥갓은 4cm 길이로 썰어요.
4. 냄비에 다시마국물, 저염된장과 저염고추장을 풀고, 국물이 끓기 시작하면 우럭과 양념을 넣으세요. 생강은 편썬 것으로 2-3개만 넣어요.
5. 우럭이 익으면 쑥갓과 대파를 넣고 불을 끄세요.

> **TIP** 가을, 겨울에는 무를 넣고 생선탕을 끓이지만 봄, 여름에는 무보다는 호박이나 감자를 넣고 끓여요. 애호박의 달큰한 맛과 살 오른 생선 맛이 잘 어울리지요.

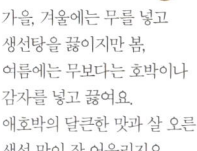

수박나물

예전엔 수박을 먹고 남은 껍질을 버리기 아까워 놋수저로 벅벅 긁어서 초고추장에 무쳐 먹었어요. 하지만 요즘은 일부러 챙겨 수박나물을 먹곤 합니다. 노폐물을 제거하고 몸을 시원하게 해준다지요.

재료 | 2인분
수박 속껍질 200g(두 줌 정도), 소금 1작은술
양념장 저염고추장 1큰술, 식초 1큰술, 발효액 1큰술, 다진 마늘 2작은술, 다진 파 1큰술

TIP 밍밍한 참외로 무쳐도 맛있어집니다.

이렇게 만드세요

1. 먹고 남은 수박 껍질을 씻어서 숟가락으로 속살을 파낸 후 소금에 15분 이상 절이세요.
2. 절인 수박나물을 꼭 짜서 물기를 뺀 후 양념장에 무치세요.

곁들여요

쑥갓두부무침 | 으깬 두부와 데친 쑥갓, 양념을 골고루 무치세요.
재료 쑥갓 200g(두 줌 정도), 두부 200g(1모)
양념 소금 ¼작은술, 참기름 1큰술, 다진 마늘 1작은술, 다진 파 1큰술, 깨소금 약간

TIP 재활용의 좋은 예랍니다. 어차피 안 먹을 수박 속살을 퍼내어 무쳐 먹는 것이. 하지만 수분 섭취로는 최고지요. 비타민도 아주 많고요. 더운 여름에 이뇨작용을 해서 체온도 식혀주는 역할을 하지요.

꽈리고추멸치볶음

멸치는 자칫 짜지기 쉬운 재료지요. 하지만 물에 담가 염분을 빼고 쓰면 얼마든지 저염식으로 활용할 수 있어요. 게다가 지금은 멸치랑 궁합이 딱 맞는 꽈리고추가 제철이거든요.

재료 | 2인분
꽈리고추 200g(두 줌 정도), 멸치 150g(한 줌 반 정도), 식용유 1큰술
양념 저염간장 1큰술, 조청 1큰술, 발효액 1큰술, 참기름 1큰술, 통깨 약간

이렇게 만드세요
1. 꽈리고추는 씻은 후 꼭지를 따세요.
2. 멸치는 물에 10분 정도 담가 둔 후 체에 밭쳐 물기를 빼세요.
3. 팬에 식용유를 두른 후 꽈리고추를 넣고, 양념장 재료 중 저염간장을 먼저 넣어 볶으세요.
4. 꽈리고추의 숨이 죽으면 멸치를 넣고 같이 볶으세요.
5. 마지막에 나머지 양념장 재료를 넣어 버무리세요.

TIP 바삭바삭하게 멸치볶음을 하려면 먼저 팬에서 멸치를 충분히 볶은 뒤에 양념을 넣고 조청 대신 원당을 양을 조금 늘려 넣으면 바삭해져요.

夏11

동글동글
시원한
디톡스 간식

+ 감자경단
+ 오이백소박이

간단하면서 맛난 별미 뭐 없을까요? 있어요! 여름감자를 경단으로 만들고 시원한 오이소박이를 곁들이세요. 간식으론 물론이고 한 끼 식사로도 충분한 메뉴죠. 감자와 오이는 나트륨을 배출하는 대표 식재료이기도 하지요. 둘이 셋이 감자경단을 동글동글 빚어서 재밌게 나눠 먹어요.

감자경단

그냥 쪄 먹어도 맛나지만 이렇게 경단을 해 먹으면 감자도 멋진 요리가 돼요.
입으로 3할, 눈으로 7할을 먹는다잖아요.

재료 | 2인분
감자 5개, 소금 ½작은술, 녹말가루 ¼컵

이렇게 만드세요

1. 감자는 껍질 벗겨 찐 후 뜨거울 때 으깨고 소금을 넣어 밑간하세요.
2. 감자반죽으로 밤톨만 한 경단을 만든 후 녹말가루에 굴리세요.
3. 감자경단을 끓는 물에 넣고 떠오르면 바로 꺼내세요.

TIP 경단이 끓는 물에 떠오르자마자 건져내야 부서지지 않아요. 녹말가루에 굴릴 때는 쟁반에 녹말가루를 고루 뿌리고 쟁반 자체를 빙글빙글 돌리세요. 골고루 잘 묻는답니다. 감자는 껍질을 벗긴 후 쪄야 뜨거울 때 바로 으깰 수 있어요.

오이백소박이

여름에 오이소박이 없으면 섭섭한 거 아시죠? 그런데 이번엔 좀 특별하게 고춧가루를 안 넣은 백소박이를 담가보세요. 청양고추로 매운 맛을 돋우고 국물을 잘박하게 넣으면 여름 특선 소박이가 된답니다.

재료 | 2인분
백오이 5개, 무 100g(⅛개 정도), 부추 100g(한 줌 정도), 대파 1대, 청양고추 3개, 다진 마늘 2큰술, 다진 생강 1작은술, 소금 1작은술, 소금물(물 1컵+소금 1큰술)
김치 국물 물 5컵, 소금 1큰술, 원당 1큰술

이렇게 만드세요

1. 오이는 소금으로 문질러 깨끗이 씻고 3-4등분으로 자른 다음, 끝이 잘라지지 않게 가운데 열십자를 내세요.
2. 소금물에 오이를 30분~1시간 정도 절이세요.
3. 무, 부추, 대파, 청양고추는 모두 채를 썬 후 다진 마늘과 다진 생강을 넣고 소금으로 버무리세요.
4. 절인 오이는 물기를 짜고 열십자 홈 사이로 ③을 넣은 후 김치 국물을 부어 실온에서 하룻밤 익히고, 냉장고에 보관하며 드세요.

> **TIP**
> 늘 빨간 오이소박이만 먹다가 백소박이를 국물 넉넉히 담아 먹으면 시원하고 개운해서 또 해 먹게 되지요. 매운맛은 청양고추로 보충하니 칼칼하답니다. 단골메뉴가 될 거예요.
> 백소박이를 만들 때 갓을 첨가하면 톡 쏘는 알싸한 맛이 일품이랍니다.

03

가을의. 저염밥상.
달곰삼삼 넉넉한.

오곡백과가 무르익는 가을을 전 가장 좋아해요.

밤이며 대추며 은행이며 도토리며

가을엔 그냥 밖에 나가기만 해도 주워올 게 한가득이니까요.

밭작물을 거두고 난 다음에

이삭줍기 하는 것도 쏠쏠한 재미가 있지요.

볕이 길고 좋아서

옥상에 뒤란에 늦채소들 말리기도 알맞고요.

뭐든 널어 말리기가 취미인 제게는

정말 가을만큼 좋은 계절이 없어요.

색이 곱게 든 낙엽이나 꽃잎도 책갈피에 넣어 말려뒀다가

긴 겨울에 꺼내 보며 좋아라 하지요.

먹을거리가 풍부한 만큼 마음도 넉넉해서

밥을 짓는 손길도 푸짐해지곤 해요.

오늘은 늙은 호박 한 덩이로 한 솥 호박죽을 끓여

동네잔치를 벌여 볼까 합니다.

秋 01

마음까지
순해지는
순한 가정식

+ 토란곤약찜
+ 고구마순무침
+ 목이버섯샐러드
+ 오곡죽

조금은 특별한 건강식을 원하시나요? 가볍고 담백하면서 입맛을 올려주는 그런 건강식.
구하기 쉬운 가을 재료들로 만들어 봐요. 고구마순, 목이버섯, 토란을 이용해서 부담스럽지 않은
자연식을 해 먹다 보면 마음마저 순화되는 듯한 기분이에요. 순한 음식을 먹으면 사람도 순해진다,
이게 제가 경험한 오랜 자연식의 결과지요.

토란곤약찜

시골 와서 제일 즐겁게 짓는 농사 중 하나가 토란 농사죠. 초봄에 토란을 심으면 여름 내내 멋진 잎새를 보고요, 늦가을에 캐서 토란탕이며 토란찜을 해 먹어요. 토란은 '땅속의 달걀'이란 말처럼 영양이 아주 풍부하답니다.

재료 | 2인분

토란 200g(두 줌 정도), 곤약 200g(묵 곤약 ⅓개 정도),
쌀뜨물 4컵 혹은 식초물(물 4컵+식초 2큰술),
다시마 1쪽(10×10cm), 참기름 1큰술
양념 저염간장 2큰술, 조청 1큰술, 청주 2큰술

이렇게 만드세요

1. 토란은 껍질을 벗긴 후 쌀뜨물이나 식초물에 30초 정도 데쳐 놓으세요.
2. 곤약은 포크로 구멍을 내고 수저로 한 입 크기씩 뚝뚝 떼어내세요.
3. 냄비에 곤약과 토란을 넣고 물을 자작하게 부은 후 다시마와 양념을 넣어 20분간 끓이세요.
4. 참기름은 불을 끄기 직전 마지막에 넣으세요.

TIP 토란은 껍질을 깐 후 쌀뜨물이나 식초물에 한 번 데쳐야 특유의 아린 맛이 사라져요.

고구마순무침

감자는 뿌리식물, 고구마는 줄기식물… 학교 땐 억지로 외웠는데, 시골 오니 자연스레 알아지네요. 고구마 줄기의 껍질을 벗기고 데치면 담백하고 꼬소롬한 고구마줄기 나물이 되지요. 손이 갈수록 맛있다는 건 불변의 진리 같아요.

재료 | 2인분
고구마순 200g(두 줌 정도), 들깨가루 1큰술
양념 저염간장 2작은술, 다진 마늘 2작은술, 다진 파 1큰술

이렇게 만드세요

1. 고구마순은 껍질을 벗겨서 끓는 물에 10초 정도 데친 후 4cm 길이로 자르세요.
2. 데친 고구마순에 양념을 넣고 골고루 무친 후 볶으세요.
3. 불을 끄기 직전 마지막에 들깨가루를 넣고 고루 섞어주세요.

TIP 나물을 맛있게 볶으려면 손이 한두 번 더 가야 해요. 먼저 양념해두었다가 볶고, 다 볶고 나서는 한 김 나간 후에 손으로 다시 주물러주세요.

목이버섯샐러드

목이버섯은 잡채 고명 정도로만 쓰이는 건 줄 아셨다고요? 목이버섯에 얼마나 좋은 성분이 많은데요! 일부러 찾아 먹어야 하는 식품이랍니다. 쉽게 맛있게 샐러드로 한번 먹어 볼까요?

재료 | 2인분
불린 목이버섯 100g(한 줌 정도)
소스 배 1/8개, 식초 1큰술, 소금 1/4작은술

이렇게 만드세요

1. 목이버섯은 미지근한 물에 15분 정도 불린 후 깨끗이 씻으세요.
2. 불린 목이버섯의 물기를 거두고 한 입 크기로 찢으세요.
3. 소스 재료를 분량대로 섞고 믹서에 갈아 주세요.
4. 찢어둔 목이버섯과 소스를 잘 섞어 주세요.

TIP
잡채에만 썼던 목이버섯을 이렇게 일품요리로 만들어낼 수 있어요. 목이버섯에는 각종 미네랄과 비타민이 많이 들어 있답니다. 가볍게 샐러드로 먹어도 좋고요, 볶아 먹어도 맛있답니다.

집에 미숫가루나 선식가루가 어딘가 뒹굴고 있을 거예요. 오늘 꺼내서 맛난 죽으로 만들어 볼까요? 이런저런 잡곡가루들과 현미를 넣어 죽을 만들어 먹으면 속도 편해지고 오랜 위장병도 낫는답니다.

오곡죽

재료 | 2인분
곡물가루(현미·조·수수·팥·보리 등) 10큰술, 물 4컵, 소금 약간

이렇게 만드세요
1. 곡물가루를 물에 잘 섞은 뒤 중약불에 올려 눋지 않게 저어가며 끓이세요.
2. 마지막에 소금을 넣어 간을 맞추세요.

TIP 집에 있는 미숫가루, 선식이나 생식가루 등 다양한 곡물가루를 이용해보세요.

秋 02

가을의
대표 식재료로
차린 밥상

+ 표고버섯찜
+ 묵탕
+ 무나물생채
+ 단호박찜

가을은 먹거리도 풍부하지만 일단 식욕이 돋기 때문에 음식 만들기에도 딱 좋은 계절이지요. 뭘 만들어도 맛나고, 맛있게 먹을 거니까! 우선 가을에 가장 많이 나는 재료들로 식단을 꾸며 볼까요? 단호박, 표고버섯, 무, 도토리묵. 듣기만 해도 보기만 해도 건강해질 것 같은 재료들이에요. 벌써 의욕이 앞서네요.

표고버섯찜

항암 성분이 풍부해서 요즘 누구에게나 인기 있는 표고버섯. 바삭하게 말려두면 사시사철 애용할 수 있는 식재료가 되지요. 고유의 풍미와 향이 어느 요리에 들어가도 맛을 돋워 준답니다.

재료 | 2인분
마른 표고버섯 10개, 무 100g(⅛개 정도), 밀가루 3큰술
소 두부 50g(¼모), 돼지고기 간 것 50g(반 줌 정도)
소 양념 저염간장 1작은술, 발효액 1작은술, 다진 마늘 1작은술, 다진 파 1작은술, 참기름 ½작은술
양념장 물 1컵, 저염간장 1큰술

이렇게 만드세요

1. 마른 표고버섯은 흐르는 물에 씻은 후 미지근한 물에 30분 정도 불린 다음, 기둥을 떼고 물기를 살짝 짜세요.
2. 무는 씻어 큼직하게 썰어 두세요.
3. 두부는 곱게 으깬 후 갈아둔 돼지고기와 소 양념 재료를 넣고 골고루 무치세요.
4. 표고버섯 안쪽에 밀가루를 살짝 바르세요.
5. 버섯 안쪽에 ③에서 만든 소를 넣으세요.
6. 버섯 위에 다시 밀가루를 묻히세요.
7. 냄비에 소를 채운 버섯과 무, 양념장을 넣고 20분 정도 조리세요.

TIP
표고버섯 속에 밀가루를 묻혀야 고기소가 안 떨어지고 잘 붙어 있어요. 조리면서 국물을 수저로 몇 번 떠서 끼얹어주면 간이 골고루 잘 배어요. 무 없이 표고버섯만 조려도 맛있답니다.

묵탕

예전엔 배고파서 먹던, 아니 안 먹을 수 없어서 먹던 구황식품들이 아이러니하게도 영양 과잉인 현대인들에게 치유식이 되었어요. 묵도 그런 구황식품 중 하나지요. 중금속 배출 효과도 뛰어나고 특유의 떫은맛 때문에 요즘은 건강식으로 묵을 많이 찾지요.

재료 | 2인분
도토리묵 1모, 쑥갓 30g(¼줌 정도), 대파 ½대, 구운 김 1장, 홍고추 ⅓개
국물 물 4컵, 다시마 1쪽(10×10cm), 멸치 15마리, 양파 ½개
양념 저염간장 1큰술, 저염된장 1큰술

이렇게 만드세요

1. 묵은 굵게 채 썰어 끓는 물에 10초 정도 데치세요.
2. 쑥갓과 대파, 홍고추는 씻어 송송 썰고, 김은 잘게 부수어두세요.
3. 국물 재료를 분량대로 넣고 끓이세요. 물이 끓기 시작하면 다시마를 건져내고 10분 더 끓인 후 멸치와 양파를 건져내세요.
4. 국물에 양념을 넣어 간을 맞추세요.
5. 데친 묵에 뜨거운 국물을 붓고 쑥갓, 대파, 김, 홍고추를 얹으세요.

TIP
묵냉국은 뜨겁게 해도,
차갑게 해도 맛있답니다.
묵은 꼭 데쳐서 넣어야
아들아들 맛있고요.
한 끼 디톡스 식사로
그만이에요.

무나물생채

가을무란 말이 있어요. 무는 가을에 먹어야 달고 시원하고 맛나죠. 무는 소화효소가 많아 내장을 보하고 속을 편안하게 해요. 익혀 먹어도, 생으로 먹어도 가을무는 역시 최고!

재료 | 2인분
무 200g(¼개 정도), 소금 ½작은술
양념 고춧가루 2작은술, 발효액 2작은술, 식초 1작은술, 다진 마늘 2작은술, 다진 파 2작은술, 깨소금 1작은술

이렇게 만드세요
1. 무는 껍질째 깨끗이 씻어서 채를 썰어요.
2. 채 썬 무를 소금에 10분간 절이세요.
3. 나머지 양념을 넣고 버무리세요.

TIP 절인 상태 그대로, 물기를 짜지 말고 바로 양념에 버무리면 돼요. 가을무는 달고 고소해서 그냥 먹어도 될 만큼 맛나요.

감자, 고구마, 단호박은 쪄 먹는 게 제일 맛나요. 그대로 쪄서 냉장고 안에 있는 건과류와 마른 과일만 올려도 멋진 후식이 되지요. 옷걸이가 좋으니까 뭐든 잘 어울린단 말 사실이네요.

단호박찜

재료 | 2인분
단호박 1개, 견과류와 말린 과일 100g(한 줌 정도), 조청 3큰술, 계핏가루 1작은술

이렇게 만드세요

1. 단호박은 반을 갈라 씨를 훑어내고 16등분 하여 찜통에 찌세요. 크기에 따라 15~20분 정도 걸려요.
2. 견과류와 마른 과일은 잘게 썰어요.
3. 팬에 ②와 조청을 넣어 잘 섞고, 약한 불에 올려 살짝 어우러지게 한 후 계핏가루를 넣으세요.
4. 찐 단호박에 ③을 얹어 내세요.

TIP
고구마, 감자, 단호박은 깨끗이 씻어 껍질째 쪄서 드세요. 영양과 맛, 두 가지 모두 잡을 수 있답니다. 간식이나 후식으로 제격이네요.

秋 03

달큰하고
시원한
평일의 밥상

+ 배추찜
+ 구근찜
+ 콩장

가을배추와 무로 만든 달큰하고 시원한 요리. 추석 전후로 만들어 먹으면 제격이죠. 구근찜과 배추찜을 조금 넉넉히 만들어 뒀다가 하루쯤은 밥을 거르고 이것만 먹어도 아주 맛있어요. 훌륭한 단백질과 채소의 영양분으로 몸이 거뜬해지는 느낌입니다.

배추찜

배추에 두부와 고기 소를 양념해서 켜켜이 넣고 찌면 명품 배추찜이 됩니다.
이것 하나만으로도 한 끼 식사 충분해요.

재료 | 2인분
알배추 300g(½포기), 두부 ½모, 간 돼지고기 100g(한 줌 정도), 다시마국물 2컵(p.58)
소 양념 다진 마늘 2작은술, 다진 파 1큰술, 소금 ¼작은술, 참기름 2작은술, 깨소금 약간, 후춧가루 약간
찜 양념 저염간장 1큰술, 저염된장 1큰술, 저염고추장 1큰술

이렇게 만드세요

1. 배추는 잘 씻은 후 찜통에 숨이 죽을 만큼만 살짝 쪄서 식히세요.
2. 두부는 으깨고 간 돼지고기, 소 양념과 섞은 후 배춧잎 사이에 골고루 넣으세요.
3. 냄비에 ②를 담은 후 다시마국물을 붓고 찜 양념을 풀어 뭉근히 30분 이상 끓이세요.
   배추가 축 처지면서 부드러워지면 다 익은 거예요.

TIP 김치 담글 때 배추 양념 넣듯이 묻히세요.

구근찜

가을에 나는 온갖 뿌리채소를 몽땅 냄비에 넣고 슴슴하게 간장과 술로 찜을 해봤어요. 저는 이렇게 술과 간장만으로 심심하게 간을 해서 간단하게 쪄 먹는 요리를 좋아해요. 재료 그대로의 소박한 맛과 식감을 입 안 가득 느낄 수 있어요. 참 맛있는 그런 맛!

재료 | 2인분
무, 토란, 감자, 고구마, 당근, 연근 등 뿌리채소 각 100g씩 총 500g(한 줌 정도씩)
양념 저염간장 2큰술, 청주 2큰술, 다시마국물 2컵(p.58)

이렇게 만드세요
1. 모든 뿌리채소는 씻어 한 입 크기로 썰어요.
2. 채소들을 냄비에 담고 다시마국물을 자작하게 부으세요.
3. 양념을 넣고 재료가 익을 때까지 푹 익히세요.

TIP 모든 재료가 젓가락이 쑥 들어갈 정도로 익으면 맛있게 잘 익은 거예요.

작은 팁만 알면 알맞게 말캉거리는 콩장이 만들어져요. 콩장을 저염으로 조리해서 냉장고에 넣어 놓고 매일 밥상마다 조금씩 꺼내 먹으면 정말 좋은 반찬이 되지요.

콩장

재료 | 2인분
서리태 혹은 메주콩 200g(두 줌 정도)
양념 저염간장 1큰술, 조청 2큰술, 참기름 2작은술, 통깨 약간

이렇게 만드세요

1. 콩은 씻어 3~4시간 정도 불리세요.
2. 불린 콩에 물을 자작하게 붓고 저염간장만 넣고 끓이세요.
3. 물이 ⅓로 줄어들면 조청을 넣고 저어가며 조리세요.
4. 마지막에 참기름과 통깨를 넣으세요.

TIP 바닥에 국물이 약간 남아 있는 정도가 될 때까지 조리하세요.

秋 04

그리움과
추억으로 먹는
점심

+ 고등어얼갈이조림
+ 깻잎나물
+ 무선
+ 버섯들깨탕

가을이 깊어갑니다. 할머니에게서 어머니로 이어져 내려오는 조리법으로 밥상을 차렸어요.
늘 먹어도 내내 그리운 추억의 맛입니다. 음식이란 맛보다는 그리움과 추억으로 먹는다는 말도 있지요.
나이가 들수록 그런 것 같네요. 예전에 먹던 것들이 자꾸만 먹고 싶고 맛있거든요.

고등어얼갈이조림

5천 만의 영양반찬, 고등어조림. 무나 감자를 깔고 조리기도 하지만 이번에는 얼갈이를 밑에 깔고 조렸어요. 그러면 등 푸른 생선의 영양분도 섭취하고 모자란 섬유질까지 몽땅 먹을 수 있으니까, 똑똑해도 너무 똑똑한 생선조림이 되지요.

재료 | 2인분
고등어 1마리, 얼갈이 200g(두 줌 정도), 대파 1대, 물 1컵
양념 저염간장 2큰술, 저염된장 1큰술, 고춧가루 2큰술, 발효액 2큰술, 다진 마늘 2큰술, 다진 생강 1작은술

이렇게 만드세요

1. 고등어는 씻어 내장을 빼고 비스듬하게 3~4등분 하세요.
2. 얼갈이(혹은 열무)는 씻은 후 끓는 물에 30초 정도 데쳐서 찬물에 헹궈 놓으세요.
3. 데친 얼갈이에 된장을 넣고 잘 주물러준 후 냄비 밑에 깔아요.
4. ③ 위에 고등어 토막을 올리고 나머지 양념을 골고루 끼얹은 다음, 물을 부어 15분 정도 조리세요.

곁들여요

깻잎나물 | 깻잎순은 딱딱한 줄기를 다듬어 낸 후 끓는 물에 10초 데치고 찬물에 헹궈 물기를 꼭 짠 후 양념에 무치세요.
재료 깻잎순 200g(두 줌 정도)
양념 저염간장 2작은술, 다진 마늘 2작은술, 다진 파 1큰술, 들기름 2작은술, 깨소금 1작은술

TIP
삼치나 꽁치 같은 등 푸른 생선으로 대체해도 좋아요. 등 푸른 생선은 비린내가 날 수 있으니 꼭 생강을 넣고요, 발효액을 첨가하면 살이 부서지지 않아요.

무쌈

흔한 무가 오늘은 새색시처럼 단장을 했어요. 얇은 모시 저고리를 입고 속살이 보일 듯 말듯. 맛도 그렇듯 아련하고 설레는 느낌이랍니다.

재료 | 2인분

무 200g(¼개 정도), 당근 30g(¼개 정도), 쇠고기 30g(¼줌 정도), 부추 30g(¼줌 정도), 불린 표고버섯 3장, 달걀 1개
식초물 물 1컵, 식초 3큰술, 발효액 2큰술
소고기 양념 저염간장 ½작은술, 원당 ¼작은술, 참기름 ½작은술, 후춧가루 약간
양념장 식초 1큰술, 원당 ½큰술, 물 2큰술, 소금 약간

이렇게 만드세요

1. 무는 얇게 저미듯 썰어 식촛물에 10~15분 절이세요.
2. 당근, 표고버섯은 채를 썬 후 볶고, 부추는 3cm 길이로 썬 후 볶으세요. 달걀은 지단을 부친 후 채 썰어요. 소고기는 채를 썰고 양념에 10~15분 잰 후 볶으세요.
3. 절인 무를 꺼내 물기를 털고 준비한 고명을 고루 얹어 돌돌 만 후 양념장에 찍어 드세요.

TIP 고명 만드는 게 번거로우면 한두 가지만 넣어도 괜찮아요.

버섯들깨탕

요즘은 버섯이 사시사철 나오지만요, 그중 가을버섯을 으뜸으로 치지요. 가을버섯에 가을에 수확한 햇들깨를 갈아 넣고 탕을 끓여 보세요. 온몸 구석구석 나쁜 기운은 쫙 빼주고 좋은 기운은 담뿍 불어 넣어주는 보약이 됩니다.

재료 | 2인분
버섯(느타리, 팽이 등) 200g(두 줌 정도), 통들깨 50g(반 줌 정도),
물 1컵, 다시마국물 3컵(p.58)
양념 저염간장 1큰술, 송송 썬 파 2큰술

이렇게 만드세요

1. 버섯을 먹기 좋게 자른 후, 냄비에 다시마국물을 붓고 버섯을 넣어 끓이세요.
2. 통들깨에 물을 넣고 믹서기에 곱게 갈아요.
3. 곱게 간 들깨를 ①에 넣어 한소끔 끓인 후 양념을 넣어 간을 맞추세요.

TIP 통들깨가 없으면 가루들깨를 사용해도 괜찮아요.

秋 05

아이도 어른도 모두 좋아하는 건강식단

+ 닭가슴살카레조림
+ 배추샐러드
+ 콩나물밥
+ 오이지무침

오랜만에 가족들이 모두 모이는 주말입니다. 어린아이들도 있고, 연로하신 부모님도 오신다네요.
아이들 입맛도 맞추고 어르신 입맛도 맞출 간단하고 건강한 식단을 꾸며 보았어요. 조금만 신경 쓰면 누구나
쉽게 할 수 있는 상차림이랍니다.

닭가슴살카레조림

카레를 만들 때 가장 잘 어울리는 고기가 닭고기지요. 거기에 브로콜리와 당근을 넣어 조리면 건강식으로도 으뜸이죠. 카레는 향이 강하고 맛도 좋아서 저염식 요리를 할 때 적절히 사용하면 아주 좋은 향신료가 됩니다.

재료 | 2인분
닭가슴살 200g(두 줌 정도), 당근 50g(¼개 정도), 브로콜리 50g(¼개 정도), 청주 1큰술, 후춧가루 약간, 식용유 1큰술, 물 1컵
양념 카레가루 2큰술, 간장 1큰술

이렇게 만드세요
1. 닭가슴살은 한 입 크기로 썬 후 청주와 후춧가루를 뿌려 30분 정도 재워 두세요.
2. 브로콜리는 한 입 크기로 썰어 끓는 물에 10초 정도 데치고, 당근도 씻어 먹기 좋게 썰어 두세요.
3. 팬에 식용유를 두르고 닭고기와 채소를 올린 후 살짝 겉만 익히세요.
4. 팬에 물을 붓고 카레가루와 간장을 넣고 10분 정도 조리세요.

TIP 카레에 함유된 강황 등 여러 성분이 암도 예방한다 하니 한 달에 몇 번은 카레요리를 해야겠어요.

배추샐러드

가을배추 두세 포기 사다 놓고 이리저리 아주 잘 쓰네요. 배추된장국부터 겉절이에 샐러드까지. 특히 이 배추샐러드는 가을 내내 우리 집 별미 요리가 된답니다.

재료 | 2인분
배추속대 150g(한 줌 반 정도), 청·홍고추 1개씩, 오이 ¼개, 쪽파 2대
양념 저염간장 2큰술, 식초 1큰술, 발효액 1큰술, 고춧가루 2작은술, 식용유 1큰술, 통깨 약간

이렇게 만드세요

1. 배추속대는 잘 씻은 후 한 입 크기로 자르세요.
2. 오이는 씻어 동글동글하게 썰고 파와 고추는 송송 작게 썰어요.
3. 먹기 직전에 채소들을 양념에 버무려서 내세요.

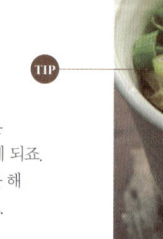

저염식을 할 때 중요한 것 중 하나가 바로 김치를 적게 먹는 것이에요. 김치나 젓갈 등은 염장식품이라 아무래도 소금이 많이 들어가게 되죠. 대신 계절채소를 이용해서 생절이나 샐러드를 해 먹으면 나트륨 섭취를 반 이상 줄일 수 있어요.

콩나물밥

일명 '진실한 콩나물밥'입니다. 콩나물밥엔 김치를 넣기도 하고 돼지고기를 넣기도 하지요. 하지만 오늘은 딱 콩나물만 넣고 만들어 보세요. 콩나물의 시원하고 고소한 맛을 오롯이 느낄 수 있답니다.

재료 | 2인분
쌀 2컵, 콩나물 200g(두 줌 정도), 참기름 1큰술, 다시마국물 1¾컵(p.58)

이렇게 만드세요

1. 쌀은 씻은 다음 10분 정도 불린 후 물기를 빼세요.
2. 콩나물도 씻은 후 물기를 빼세요.
3. 냄비에 참기름을 두르고 불린 쌀이 투명해질 때까지 볶다가 다시마국물을 넣고 밥을 지으세요.
4. 뜸이 들 때 밥 위에 콩나물을 얹고 7분 정도 더 뜸 들인 후 밥을 골고루 섞어 푸세요.

곁들여요

오이지무침 | 오이지를 송송 썬 후 찬물에 10~15분 담갔다가 베보자기에 물기를 짜고 양념에 무치세요.
재료 오이지 2개
양념 고춧가루 1작은술, 참기름 1작은술, 다진 마늘 1작은술, 다진 파 1큰술, 통깨 약간

TIP
냄비 말고 전기밥솥에 콩나물밥을 할 경우에는 쌀 한 층 콩나물 한 층… 이런 식으로 쌀 사이사이에 콩나물을 넣고 밥을 하세요. 물도 조금 적게(냄비밥의 90% 정도로) 잡고요.

秋 06

코스요리
못지않은
한상차림

+ 편육과일냉채
+ 채식육개장
+ 맛탕

고기 따로, 채소 따로, 과일 따로 먹지 않고 한 번에 모든 걸 해결할 수 있는 한 그릇 요리를 준비해 보았습니다. 한 품으로 골고루 영양과 맛을 섭취하도록 만든 편육과일냉채. 꼭 만들어서 칭찬 한번 받아보세요. 국물이 있으면 목 넘김이 좋으니까 채식육개장을 하나 더 준비하면 더욱 좋겠지요. 디저트로 맛탕이 더해지면 완벽 그 자체입니다.

편육과일냉채

된장 풀고 푹 삶아 기름기를 쪽 뺀 건강 편육에 과일을 곁들여 고기의 소화력을 높인, 아주 완벽한 한 그릇 요리입니다. 가족 모임이나 잔치 때 해가면 인기 짱이랍니다. 가을에 딱 맞는 식재료가 한데 모였으니, 이 한 접시만으로도 충분히 가을 맛을 느낄 수 있어요.

재료 | 2인분
돼지고기 사태 200g(두 줌 정도), 생강 1쪽, 청주 1큰술, 사과 ¼개, 배 ⅛개, 대추 3알, 밤 2개, 잣 10알
겨자 소스 겨자 갠 것 1큰술, 식초 3큰술, 발효액 2큰술, 소금 ½작은술

이렇게 만드세요
1. 돼지고기는 찬물에 1시간 정도 담가 핏물을 빼세요.
2. 돼지고기에 물을 넉넉히 부은 후 생강과 청주를 넣고 1시간 정도 푹 삶은 후 식히세요.
3. 사과, 배, 대추, 밤은 납작하게 썰어요.
4. 익힌 돼지고기를 얄팍하게 썰어 과일과 함께 접시에 돌려 담으세요.
5. 먹기 직전에 겨자 소스를 고루 뿌리세요.

TIP 명절 후에 남은 채소와 과일, 편육을 재활용해도 좋아요.

채식육개장

고기 없이도 시원하고 맛난 육개장을 만들 수 있어요. 취향대로 계절 버섯 듬뿍 넣고
얼큰하게 바글바글 끓여 보세요. 먹고 난 뒤 속이 편해 더욱 좋아요.

재료 | 2인분
각종 버섯 100g(한 줌 정도), 두부 ¼모, 대파 2대, 물 5컵, 다시마 1쪽(10×10cm), 식용유 1큰술
고추기름 고춧가루 1큰술, 참기름 1큰술
양념 저염간장 1큰술, 저염된장 1큰술, 다진 마늘 1큰술

이렇게 만드세요
1. 버섯은 두어 종류를 준비해서 씻은 후 먹기 좋게 자르세요.
2. 대파는 버섯과 비슷한 길이로 크게 썰어요.
3. 두부는 채를 썬 후 팬에 식용유를 두르고 노릇하게 구워두세요.
4. 냄비에 고추기름 재료를 넣어 살짝 볶은 후 물을 붓고 다시마를 넣어 끓이세요.
5. 물이 끓으면 썰어둔 버섯과 대파를 넣고 양념으로 간을 하세요.
6. 오목한 그릇에 ⑤를 담고 위에 두부를 얹어 내세요.

곁들여요

맛탕 | 고구마를 씻어 껍질째 삼각 모양으로 썰고,
170℃로 예열한 기름에 튀긴 후 조청에 버무리세요.
재료 고구마 2개, 조청 ¼컵

TIP
버섯으로 끓이는 육개장은 풍성한
버섯향이 가득한 가을의 건강탕이지요.
고기 대신 두부를 올려 씹는 맛도
좋답니다. 버섯이 아이들 성장에 도움을
주는 건 다 아시죠?

秋 07

맛도 달달
맘도 달달
가을의 티타임

+ 밤설기
+ 대추차

여기저기 떨어지는 밤이나 도토리, 은행을 줍고 다니느라 얼굴에 주근깨가 올라오네요. 그래도 이걸 멈출 수 없는 걸 보면 제 유전자에 수렵 채취의 본능이 남아 있나 봐요. 지천에 열리는 열매로 만들어보는 가을 별미. 이웃과 같이 나누면 맛이 두 배랍니다.

밤설기

전 쌀가루를 집에서 내요. 쌀을 한 20분 불렸다가 꺼내서 믹서에 갈아 체로 치면 금세 쌀가루가 돼요. 한 번 먹을 만큼 냉동고에 보관하고 가끔 한 끼 밥 대신 떡을 쪄 먹지요. 밤 넣고 꿀 넣고 갓 쪄낸 밤설기. 오늘도 한 끼는 맛나게 지나갔어요.

재료 | 2인분
쌀가루 600g(3컵), 밤 150g(한 줌 반 정도), 물 2~3큰술, 꿀 3큰술, 소금 약간

이렇게 만드세요
1. 쌀가루에 물을 넣고 골고루 비빈 후 체에 치세요.
2. 체 친 쌀가루에 꿀과 소금을 넣으세요.
3. ②에 밤을 넣고 골고루 섞으세요.
4. 찜통에 넣어 25분 찐 후 10분간 뜸을 들인 뒤 한 김 식으면 썰어서 내세요.

곁들여요

대추차 | 대추를 깨끗하게 씻은 후 씨를 빼지 말고 물에 넣고 1시간 정도 푹 끓이고, 체에 건더기를 걸러낸 후 드세요.
재료 대추 100g(한 줌 정도), 물 10컵

TIP 꿀의 자연스러운 단맛과 밤의 포근거리는 식감 때문에 어른, 아이 모두 좋아해요. 고구마나 대추, 마른 과일 넣고도 설기떡을 해보세요. 별미랍니다.

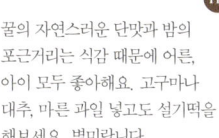

秋08

뻔한 재료
뻔하지 않은
상차림

+ 오징어통구이
+ 멸치무조림
+ 연근밥

단순한 재료. 늘 해 먹는 조리법. 그래서 매일 그 맛이 그 맛. 하지만 조금만 방법을 바꾸면 새로운 요리가 만들어져요. 그런데 그게 완전 맛있다면? 정말 대박인 거죠! 게다가 쉽기까지… 자, 얼른 해보자고요.

오징어통구이

싱싱한 오징어를 내장 그대로, 살짝 양념해서 굽기만 하면…
어라? 오징어통구이, 제법이네요.

재료 | 2인분
오징어 1마리
양념장 청주 1큰술, 생강즙 1작은술, 발효액 2작은술

이렇게 만드세요
1. 오징어는 싱싱한 것으로 준비해서 깨끗이 씻으세요.
2. 오징어를 내장째 그대로 양념장에 30분 정도 재우세요.
3. 밑이 두꺼운 냄비에 오징어를 넣고 약한 불에 15분 정도 가열하여 속까지 익히세요.
4. 다 익은 오징어를 꺼내 식히세요.
5. 식으면 먹음직스럽게 썰어 내세요.

TIP 내장째 구워야 하기 때문에 오징어는 반드시 싱싱해야 해요. 조금이라도 물이 간 오징어는 쓸 수 없어요. 만약 오징어가 싱싱하지 않다면 내장을 빼고 구우세요. 오징어를 냄비에 올린 후에는 자주 뒤집지 말고, 처음에 10분 굽고 돌려서 마지 5분 익히세요.

멸치무조림

가을멸치, 싱싱하게 감칠맛 나는 그 멸치에 무를 넣고 푹 끓이면…
아니, 무가 이렇게 맛있었던가요?

재료 | 2인분
무 300g(½개 정도), 국물용 멸치 30g(¼줌 정도), 다시마 1쪽(10×10cm)
양념 고춧가루 1큰술, 다진 마늘 1큰술, 액젓 1큰술

이렇게 만드세요
1. 무는 깨끗이 씻고 큼직하게 썰어요.
2. 냄비에 무를 넣고 물을 자작하게 붓고 다시마와 멸치를 넣고 푹 끓이세요.
3. 무가 말랑하게 익으면 양념을 넣고 간을 맞추세요.

TIP 멸치 대신 생새우를 넣고 끓여도 맛있어요.

저는 맛있고 좋은 재료는 뭐든 넣어 밥을 해요. 제 오래된 습관이지요.
그러면 다른 반찬 없이도 밥을 아주 맛나게 먹을 수 있어요.

연근밥

재료 | 2인분
쌀 2컵, 연근 100g(한 줌 크기 정도), 식초물(물 2컵+식초 1큰술), 다시마국물 2컵(p.58)

이렇게 만드세요

1. 쌀은 씻어 10분 정도 불리세요.
2. 연근은 껍질을 벗기고 얇게 썬 후 끓는 식초물에 10초 정도 데쳐 놓으세요.
3. 냄비에 불린 쌀, 연근, 다시마국물을 넣고 밥을 지으세요.

TIP
추수 전 즈음이 되면, 쌀이 가장 마르고 맛도 떨어지죠. 그럴 땐 다시마와 청주를 넣고 밥을 지어보세요. 윤기가 자르르~ 햅쌀처럼 변해요. 거기에 제철 채소를 넣고 밥을 지으면 더욱 맛나요. 무, 토란, 우엉, 밤 등을 넣고도 밥을 지어보세요.

秋 09

뜨끈한
국물이 있는
저녁상

+ 황태두부전골국
+ 맥적구이와 파무침
+ 고춧잎나물
+ 멸치무침

쌀쌀해지니 뜨끈한 국물이 당기지요. 속풀이도 좀 하고 싶고요. 속도 마음도 지치는 날 찾게 되는 한국 사람들의 국물 요리. 어쩔 수 없는 우리 문화지요. 건더기를 넉넉히 넣고 국물을 약간 적게 잡아 끓이면 국이나 찌개도 건강하게 먹을 수 있답니다. 가을 막바지에 딴 나물과 된장으로 간을 맞춘 돼지고기도 지친 마음을 달래줄 테지요.

황태두부전골국

황태는 통째로 넣고 끓여야 제맛! 콩나물과 무를 넣고 한소끔 끓이면 이보다 더 시원할 수 없지요. 5천 만의 속풀이 해장국, 명성에는 다 이유가 있습니다.

재료 | 2인분
황태 ½마리, 대파 1대, 콩나물 50g(반 줌 정도), 무 50g(작은 크기 ¼개), 두부 50g(¼모), 다시마 1쪽(10×10cm), 물 5컵, 홍고추 조금
양념 저염간장 1큰술, 다진 마늘 1큰술

이렇게 만드세요
1. 무는 깨끗이 씻어 얇고 네모지게 썰고, 두부와 파도 먹기 좋게 썰어 두세요.
2. 냄비에 황태, 물, 무, 다시마를 넣고 끓이세요.
3. 국물이 끓으면 황태를 꺼내 뼈를 발라내세요.
4. 황태를 다시 냄비에 넣고 콩나물을 넣고 한소끔 끓이세요.
5. 국물이 끓으면 파, 두부를 넣고 양념을 넣어 간을 맞추고 홍고추를 올리세요.

TIP 황태 국물을 우려낼 때는 황태 머리째 넣어야 맛이 나요. 간장 대신 새우젓을 약간 넣고 간을 해도 감칠맛이 나고 맛있답니다.

맥적구이와 파무침

돼지고기 늘 고추장에 팍팍 무쳤나요? 예전 조리방식대로 된장에 무쳐서 한 장, 한 장 구워 보세요. 돼지고기가 신분상승한 그런 맛! 곁들이는 파무침은 화룡점정입니다.

재료 | 2인분
맥적구이 돼지고기(앞다리살이나 목등심) 300g(세 줌 정도)
맥적구이 양념장 저염된장 1큰술, 발효액 1큰술, 다진 마늘 1큰술, 생강즙 1작은 술, 깨소금 약간, 후춧가루 약간
파무침 파 2대, 양파 ¼개
파무침 양념 저염간장 1작은술, 식초 1작은술, 고춧가루 1작은술, 참기름 1작은술

이렇게 만드세요
1. 돼지고기는 앞다리살이나 목등심 쪽으로 기름기가 적은 부위를 준비해 도톰하게 썰어요.
2. 돼지고기에 잔 칼집을 앞뒤로 넣으세요. 이렇게 하면 육질이 연하고 양념이 잘 배지요.
3. 고기에 양념장을 고루 발라 3시간 이상 재우세요.
4. 고기를 팬에서 노릇하게 익히세요.
5. 파와 양파는 채 썬 후 파무침 양념에 고루 무쳐 돼지고기와 곁들여 내세요.

TIP 맥적구이는 된장에 고기를 양념해 먹던 우리 전통요리랍니다. 된장은 해독을 하고 고기의 나쁜 콜레스테롤과 잡내를 없애주지요. 거기에 파무침을 곁들이면 건강한 고기요리 완성입니다.

고춧잎나물

고추가 잘 열리라고 고춧대 아랫부분의 잎을 따줘요. 그러면 영양분을 덜 빼앗기니 고추도 잘 열리고, 그 고춧잎은 또 얼마나 맛있다고요. 간장과 기름 넣어 조물조물 무치면… 아, 정말 맛나요.

재료 | 2인분
고춧잎 200g(두 줌 정도)
양념 저염간장 1큰술, 다진 마늘 2작은술, 다진 파 1큰술, 고추기름 2작은술, 깨소금 약간

이렇게 만드세요
1. 고춧잎은 다듬어서 씻은 뒤 끓는 물에 10초 정도 데치세요.
2. 물기를 꼭 짜내고 양념에 고루 무치세요.

곁들여요

멸치무침 | 멸치 머리를 떼고 내장을 뺀 다음 반을 가르고 양념장에 골고루 무치세요.
재료 국물용 멸치 400g(네 줌 정도)
양념장 저염고추장 4큰술, 조청 2큰술, 다진 마늘 2작은술, 다진 생강 1작은술, 통깨 1큰술, 참기름 1큰술, 식초 1작은술

TIP
고추기름 쉽게 내는 법은요, 우선 커피 여과지에 고춧가루 ½컵을 넣은 다음 식용유 1컵을 끓여서 서서히 부어요. 그러면 아래로 맑고 깨끗한 고추기름이 나오지요. 고추기름은 산화가 잘되니 냉장 보관하고 얼른 써야 해요. 나물 무칠 때나 볶음용으로 쓰면 풍미가 좋아요.

秋 10

수라상
안 부러운
손님상

+ 닭찜
+ 간장비빔국수
+ 늙은호박전
+ 연근우엉냉채

가을이라 더 달고 고소한 음식들로 손님상을 차려 보았습니다. 마무리는 늘 먹던 밥 말고요, 국수로 준비했고요.
옛날 옛적 궁중에서 먹던 것처럼 간장으로 간을 맞추어 볼게요. 음~ 수라상이 안 부럽네요.
올가을엔 잊지 말고, 좋은 사람들 초대해서 맛있는 밥 먹기! 천고마비의 계절이니까요.

닭찜

무를 넣어 조린 닭찜은 잡내가 안 나고, 마른 고추를 넣어 조린 닭찜은 은근한 매운맛이 있어요. 오늘은 무와 마른 고추를 함께 넣어 간장으로 슴슴하게 간을 해볼게요. 늘상 먹던 그 붉은 고추장색 닭찜은 당분간 잊어주세요.

재료 | 2인분

닭 ½마리, 무 100g(⅛개 정도), 양파 ½개, 당근 ¼개,
불린 표고버섯 3개, 식용유 1큰술
볶음 양념 생강 3쪽, 마늘 3쪽, 마른 고추 1개
찜 양념 저염간장 3큰술, 발효액 2큰술, 다진 마늘 1큰술, 다진 생강 1작은술, 청주 2큰술

이렇게 만드세요

1. 마늘과 생강은 얇고 납작하게 썰고 마른 고추는 반으로 자르세요.
2. 닭은 토막을 낸 후 물에 씻어 건지세요.
3. 무, 양파, 당근, 불린 표고버섯은 한 입 크기로 약간 큼직하게 썰어요.
4. 냄비에 식용유를 두르고 마늘과 생강, 고추를 넣고 볶다가 살짝 익으면 닭고기와 채소를 넣고 볶으세요.
5. 닭고기 표면이 노릇해지면 물을 자작하게 붓고 찜 양념을 분량대로 넣어 뚜껑을 닫고 20분 끓인 후, 뚜껑을 열고 10분 더 조리세요.

TIP 기름이 많은 부분은 떼어 내세요.

TIP 표고버섯은 20~30분 정도 불려요. 시간이 없을 땐 미지근한 물에 설탕을 1큰술 넣고 10분 정도만 불려요.

간장비빔국수

간장과 다시마가루로 맛을 내는 감칠맛 나는 국수랍니다. 궁중에서 조리할 때는 고추장과 고춧가루를 거의 안 썼어요. 자극적인 맛을 피하고 재료 자체의 맛을 고스란히 살리려는 깊은 뜻이 아니었을까… 생각해 봅니다.

재료 | 2인분
국수 2인분(양 가늠하는 법은 p.151 참고), 콩나물 100g(한 줌 정도), 오이 ¼개, 당근 ¼개, 양배추 50g(⅛개 정도), 식초 1큰술, 물 적당량
양념장 저염간장 1큰술, 고춧가루 1작은술, 다시마가루(p.58) 1작은술, 참기름 1큰술

이렇게 만드세요
1. 오이, 당근, 양배추는 채 썰어 놓으세요. 콩나물은 씻은 다음 물을 자작하게 넣고 7분 정도 삶아 건지세요. 이때, 콩나물 삶은 물을 약간 남겨 두세요.
2. 냄비에 물을 넉넉히 넣고 팔팔 끓인 후 국수와 식초를 넣으세요. 국수가 끓어오르면 찬물 1컵을 부어 주세요. 이 과정을 세 번 정도 반복한 후 국수를 건져 찬물에 얼른 씻어내고 사리 지어 두세요.
3. 준비해뒀던 콩나물 삶은 물 1큰술과 양념장 재료를 섞으세요.
4. 국수 위에 채 썬 채소들을 얹고 양념장을 적당히 넣어 비벼 드세요.

TIP 건강을 생각해서 메밀국수나 현미국수를 준비하는 것도 좋겠네요.

TIP 양념장에 다시마가루를 넣으면 감칠맛이 나요.

늙은 호박전

죽만 쑤어 먹었던 늙은 호박의 세련된 변신. 채칼로 슥슥 채를 쳐서 밀가루는 아주 조금만! 호박을 많이 먹어야 하니까요. 빛깔도 딱 호박색. 할머니가 좋아하시던 그 누런 호박색입니다.

재료 | 2인분
늙은 호박 150g(⅛개 정도), 밀가루 ⅓컵, 소금 ¼작은술, 식용유 2큰술

이렇게 만드세요

1. 늙은 호박은 껍질을 벗기고 속을 턴 뒤에 채칼로 채를 치세요.
2. 채 친 호박에 소금을 뿌려 숨을 죽이세요. 10분 정도 두면 자연스럽게 물기가 배어 나온답니다.
3. 숨이 죽은 호박에 밀가루를 조금씩 넣어가며 농도를 맞추세요. 반죽이 서로 엉길 정도가 될 때까지 밀가루를 넣으세요.
4. 팬에 식용유를 두르고 한 수저씩 떠서 부치세요. 소금이 들어갔기 때문에 따로 양념간장을 곁들이지 않아도 맛있어요.

TIP 애호박전, 당근전, 무전, 감자전 등도 같은 레시피로 만들 수 있어요. 주재료를 최대한 많이 넣고 밀가루를 조금만 쓰면서 부치는 건강전이에요.

연근우엉냉채

연근과 우엉은 늘 조려만 먹었단 말이죠? 아니 아니, 생으로 먹어도 얼마나 맛있다고요! 아삭한 식감과 특유의 향… 아마 단번에 반하고 말 거예요.

재료 | 2인분
연근 100g(한 줌 크기 정도), 우엉 100g(15cm 길이 정도), 당근 50g(¼개 정도),
식초물(물 3컵+식초 2큰술)
양념장 저염간장 1큰술, 식초 1큰술, 발효액 1큰술, 청양고추 ½개

이렇게 만드세요
1. 연근은 껍질을 벗기고 우엉은 껍질째 씻은 다음, 둘 다 얇게 저미고 바로 식초물에 5분 정도 담가 주세요.
2. 당근도 씻어서 연근과 비슷한 두께로 썰어요.
3. 연근과 우엉은 물에 헹구고 당근과 함께 양념장에 무치세요.

TIP 연근과 우엉을 식초물에 담가두면 여분의 녹말기를 제거하고 갈변을 막을 수 있어요.

秋 11

어느
늦은 가을날
기분 좋은 간식

+ 녹차약식
+ 수정과

시어머님은 잔치 때마다 집으로 손님들을 부르시고 손수 많은 음식을 정성 들여 장만하시고 대접하셨어요.
저는 그 모습을 보고 참 많은 것을 배웠습니다. 손님이 돌아가실 때는 빈손으로 안 보내고 늘 약식을 많이
쪄놨다가 한 덩이씩 하얀 종이에 깨끗이 싸서 들려 보내셨지요. 그래선지 약식은 늘 낯익은 음식이면서
정성을 느끼게 해줘요.

녹차약식

늘 해 먹는 간장약식 말고요, 좀 색다르게 아이들도 좋아할 녹차약식을 준비해 보았습니다. 어른, 아이 모두 더 달라고 아우성입니다. 조금 넉넉히 만들어 두었다가 싸드려도 좋겠죠?

재료 | 2인분
찹쌀 5컵, 밤 10알, 대추 10알, 호두 5알, 잣 10알, 원당 ½컵, 소금 1작은술, 물 4컵, 식용유 1큰술, 녹차가루 3큰술

이렇게 만드세요
1. 찹쌀은 씻어 30분간 불리고 밤, 원당, 소금, 물을 넣은 후 원당이 녹을 때까지 잘 저은 다음 밥을 지으세요.
2. 밥이 다 되면 10분 정도 뜸을 들이세요.
3. 뜸이 잘 들었으면 식용유, 대추, 호두, 잣을 넣고 밥을 골고루 섞으세요.
4. 녹차가루를 넣고 고루 섞으세요.
5. 한 입 크기로 동그랗게 모양을 만들고 대추, 밤 등으로 장식을 해주세요.

곁들여요

수정과 | 물 5컵에 생강, 물 5컵에 계피를 넣고 각각 끓이세요. 1시간 끓인 후 계피와 생강을 꺼내고 둘을 합한 후 원당을 넣고 먹기 직전에 잣을 띄우세요. 이렇게 따로 끓인 후 합쳐야 각각의 향기가 살고 쓴맛이 안 나요.
재료 생강 300g(세 줌 정도), 계피 200g(두 줌 정도), 물 10컵, 원당 1컵, 잣 5알

TIP 전통약식을 만들려면 소금 대신 저염간장 6큰술, 원당 대신 흑설탕을 넣고 밥을 하면 되지요. 밥을 섞을 때 계핏가루도 넣으면 좋아요.

04

겨울의.　저염밥상.
습슴하고　따스한.

봄, 여름, 가을에 부지런히 갈무리해둔 음식들로

솜씨를 부릴 때가 되었어요.

앞 개울가의 미나리는 추울수록 더 향이 진해지고요.

눈바람을 맞고도 자라는

시금치와 봄동을 보면서 생기를 느끼지요.

바다에선 굴이며 파래며 김이 향긋할 때입니다.

뒤란에 걸린 시래기가 거의 없어지고

윗목에 쌓아두었던 고구마도 얼마 안 남았네요.

가으내 말려두었던 묵나물로 나물 밥상도 차리고요.

오곡밥을 지어 이웃들과 나눠 먹기도 해요.

텅 빈 논이나 밭을 볼 때마다

일 년 동안 수고했던 손길들에

편안한 휴식이 되길 빌어봅니다.

아무도 없는 고즈넉한 겨울 논밭이

제겐 그득해 보여요.

冬 01

길고 깊은
겨울밤을
위한 밥상

+ 팥죽
+ 메밀전병
+ 장김치
+ 시금치겉절이

아픈 날에만 죽 드시지 말고요, 평소에도 종종 끓여 보세요. 여러 가지 곡물을 이용하면 더욱 좋지요.
겨울죽 하면 역시 팥죽이 최고! 김치 대신 겨울에 맛나는 시금치로 생절이를 하고요. 죽에 어울리는 장김치와
죽으로는 조금 부족한 양은 전병으로 마무리. 자, 겨울밥상이 완성되었습니다.

팥죽

겨울이면 몇 번씩 쒀 먹는 팥죽, 단팥죽. 모두들 좋아라 하시네요.
팥은 몸속의 독을 빼주고 붓기도 내려줘요. 장복해도 탈이 없고 몸의 기운을 올리지요.

재료 | 2인분
팥 1컵, 쌀 ½컵, 물 2컵, 소금 약간

이렇게 만드세요

1. 팥은 씻어 6시간 이상 불리세요.
2. 씻은 팥에 찬물을 넉넉히 부어 10분 이상 끓인 다음 팥물을 다 따라버리고 다시 찬물을 부어 끓이세요.
3. 쌀은 씻은 후 30분 이상 불리세요.
4. 잘 익은 팥은 믹서에 곱게 갈아요.
5. 냄비에 물을 붓고 쌀을 넣어 먼저 끓이다가 퍼지기 시작하면, 갈아놓은 팥을 넣고 밑이 눋지 않게 계속 주걱으로 저어가며 익히세요.
6. 적당히 익으면 소금을 넣어 간을 심심하게 맞추세요.

TIP 팥을 익힐 때 중간에 찬물을 두세 번 더 부어주면 잘 익어요.

메밀전병

메밀가루를 묽지근하게 반죽해서 한 장씩 부쳐 아무 나물이나 김치를 싸 먹어 보세요.
제철인 무나물을 싸 먹으면 더 맛나지요.

재료 | 2인분
메밀가루 1컵, 물 1½컵, 저염간장 1작은술, 참기름 1큰술, 식용유 1큰술

이렇게 만드세요

1. 메밀가루에 물을 넣고 잘 저어 반죽을 만드세요.
2. 저염간장과 참기름을 ①에 넣어 간을 하세요.
3. 팬에 식용유를 살짝 바르듯이 칠하고 반죽을 올려 얇게 부치세요.
4. ③에 나물반찬을 올리고 돌돌 말아 드세요.

TIP 살짝 끈기가 있게 흘러내릴 정도가 되면 반죽이 잘 된 거예요.

장김치

시어머님이 좋아라 하시던 장김치. 젓갈 대신 간장으로 간을 맞춘 물김치예요.
처음엔 어색했지만 맛을 들이니 시원하고 감칠맛이 나요.

재료 | 2인분

무 1개, 배추 ¼개, 배 ½개, 대파 2대, 쪽파 3대, 생강 1톨,
마늘 10톨, 미나리 조금, 잣 조금
국물 물 15컵, 원당 1큰술, 저염간장 5큰술

이렇게 만드세요

1. 무는 나박썰기로 썰고 배와 배추도 가로세로 3×2cm로 썰어요.
2. 대파와 쪽파, 미나리는 3cm 길이로 썰고, 마늘과 생강은 편으로 썰어요.
3. 물에 간장과 원당을 분량대로 넣고 썬 채소를 모두 넣어요.
4. 먹기 전에 미나리와 잣을 띄우세요.

TIP 무와 배추 대신 콜라비로 장김치를 담가도 맛있어요.

한겨울입니다. 설이 다가오네요. 올해 또 뭘 하나… 조금 특별한 요리를 하면 식구들도 좋아하겠죠. 편육에 미나리를 곁들이고 고기 대신 오징어를 넣은 오징어만두도 인기일 거예요. 고기국물 대신해서 매생이와 굴을 넣은 떡국도 아주 맛나고요. 가짓수는 조금 줄이고 퀄리티는 높여 보자고요.

미나리편육냉채

한겨울 미나리는 향이 정말 그윽해요. 추운 바람과 얼음 속에서도 푸른 저 기운을 먹는다니, 생각만 해도 힘이 나요. 비닐하우스에서 재배된 채소와는 다른 특별한 기운이죠. 고기와도 어찌나 잘 어울리는지요.

재료 | 2인분
돼지사태 300g(세 줌 정도), 미나리 100g(한 줌 정도), 저염된장 1큰술, 생강 1쪽
양념장 겨자 갠 것 1작은술, 저염간장 1작은술, 식초 1큰술, 발효액 1큰술

이렇게 만드세요
1. 사태는 찬물에 2~3시간 정도 담가 핏물을 빼세요.
2. 된장을 푼 물에 생강을 넣고 사태를 넣어 40분간 끓인 후 꺼내 식히세요.
3. 미나리는 다듬은 후 씻고 4cm 길이로 자르세요.
4. 익힌 사태를 얇게 썰고 미나리를 양념장에 무쳐 곁들여 내세요.

TIP 삼겹살은 기름기가 너무 많고요, 사태가 편육 만들기 가장 좋아요. 쫀득한 살도 많고, 담백하며 감칠맛이 나는 부위거든요. 된장 풀어 삶으면 고기 냄새도 말끔히 없어진답니다.

오징어만두

고기만두, 새우만두까진 아는데… 오징어만두는 좀 낯설지요?
오징어도 훌륭한 만두소가 된답니다. 식구들과 같이 오징어만두 도란도란 만들면서
쫀득한 시간 가져보세요.

재료 | 2인분
오징어 1마리, 두부 ½모, 부추 50g(반 줌 정도),
양파 50g(반 개 정도), 만두피 20장
양념 다진 마늘 1큰술, 참기름 1큰술, 저염간장 1큰술,
저염된장 1작은술, 후춧가루 약간, 생강즙 1작은술

TIP 오징어 대신 낙지, 주꾸미, 생선살 등을 넣어서 만들어보세요.

이렇게 만드세요

1. 오징어는 씻어 내장을 빼고 곱게 다지세요.
2. 두부는 으깨고 부추와 양파는 다지세요.
3. 다진 오징어에 두부와 부추, 양파를 넣고 양념을 넣어
고루 섞은 후 만두피에 1~2큰술씩 넣고 만두를 빚으세요.
4. 김 오른 찜기에 만두를 넣어 15분간 찌세요.

TIP 고기로만 만두를 만드셨어요?
해물로도 훌륭한 만두가 돼요.
생강즙을 약간 넣어 해물의
비린 맛도 잡았어요.

매생이 굴 떡국

바다 이끼류의 한 종류인 매생이와 겨울이 제철인 굴이 만나서 저 너머 심연 속 바다의 향기를 만들어내요. 겨울에 한 번쯤은 꼭 먹어야 하는 매생이와 굴. 한꺼번에 만나요.

재료 | 2인분
매생이 100g(한 줌 정도), 떡국 떡 200g(두 줌 정도), 굴 50g(반 줌 정도), 다시마국물 4컵(p.58), 저염간장 1큰술, 참기름 1작은술

1

이렇게 만드세요
1. 매생이는 찬물에 살살 씻어 건져내세요.
2. 굴은 소금물에 휘휘 저어 씻고, 떡국 떡도 찬물에 헹궈 놓으세요.
3. 다시마국물에 떡국을 넣어 끓이다가 떡이 뜨면 매생이와 굴을 넣고 한소끔 끓이세요.
4. 저염간장으로 간을 맞춘 다음 참기름을 넣고 불을 끄세요.

2

3

TIP 매생이국은 너무 오래 끓이면 안 돼요. 매생이가 녹아 없어진답니다. 매생이국은 아무리 뜨거워도 김이 안 나요. 그러니 살살 불어서 먹어야 데지 않아요.

冬03

단아하고
깔끔한
세트 메뉴

+ 홍합버섯죽
+ 코다리양념구이
+ 생미역초말이
+ 언두부볶음

저는 유독 별미죽을 좋아해요. 매일 먹는 밥 대신 색다른 죽이 식사로 나오면 기분이 좋아져요.
죽과 어울리는 식단은 자극이 없고 순하며 영양가가 있는 것이 좋지요. 그러면서도 심심하지 않아야 하고요.
오늘도 단아하면서도 깔끔한 세트 메뉴가 되었네요. 누구라도 좋아하는 건강밥상. 참 쉬워요.

홍합버섯죽

겨울 하면 굴과 더불어 홍합을 뺄 수 없죠. 맛과 영양에 착하디착한 가격까지…
정말 사랑하지 않을 수 없어요.

재료 | 2인분
홍합살 50g(반 줌 정도), 쌀 1컵, 불린 표고버섯 3장,
당근 20g(¼토막 정도), 참기름 1큰술, 물 5컵, 저염간장 1작은술

이렇게 만드세요
1. 홍합살은 소금물에 헹궈 물기를 빼고, 쌀은 씻어 10분 정도 불린 후 건져 놓으세요.
2. 20~30분 불린 표고버섯과 당근은 잘게 썰어 놓으세요.
3. 냄비에 참기름을 두르고 쌀을 볶다가 투명해지면 물을 붓고 중약불에서 끓이세요.
4. 쌀알이 잘 퍼지면 홍합살과 표고버섯, 당근을 넣고 한소끔 끓이세요.
5. 저염간장으로 간을 맞추고 참기름을 떨어뜨린 후 불을 끄세요.

1

TIP 홍합, 굴, 조개 등으로 죽을 끓이면 전복죽이 부럽지 않아요. 신선한 해산물죽은 한겨울에 맛볼 수 있는 별미랍니다.

2

4

코다리양념구이

코다리를 조려만 드셨나요? 오늘은 온마리를 통째로 구워 봤어요.
양파를 갈아 넣은 양념장을 발라주면 우와, 갑자기 코다리가 은대구만큼 값져 보여요!

재료 | 2인분
코다리 1마리, 밀가루 2큰술, 식용유 2큰술
양념장 양파 간 것 ¼개분, 저염고추장 1큰술, 발효액 2큰술, 고춧가루 1큰술,
다진 마늘 1큰술, 조청 1큰술

이렇게 만드세요
1. 코다리는 씻어서 반을 가르고 등쪽에 칼집을 넣으세요.
2. 코다리 앞뒤로 밀가루를 가볍게 묻힌 후 털어내고 기름을 두른 팬에 노릇하게 지지세요.
3. 양념을 분량대로 섞어 양념장을 만드세요.
4. 코다리에 양념장을 발라 살짝 한 번 더 구우세요.

TIP 고추장 양념을 미리 바르지 말고, 먼저 코다리를 애벌로 구운 다음에 고추장 양념을 발라 살짝 더 구어야 맛있게 먹을 수 있어요. 마른 황태, 생태와는 전혀 다른 쫀득한 살맛을 느껴보세요.

생미역초말이

곰피는 한겨울 아주 잠깐 나왔다 들어가는 멋쟁이 미역이죠.
구멍이 송송 뚫려 있어 "멋있다!"는 말이 절로 나와요. 여기에 채소를 넣고 돌돌 말아
초장에 콕 찍어 먹으면… 아, 군침이 도네요.

재료 | 2인분
생미역(곰피) 200g(두 줌 정도), 무 100g(⅛토막 정도)
초고추장 저염고추장 1큰술, 식초 1큰술, 발효액 1큰술, 조청 1큰술

이렇게 만드세요

1. 무는 곱게 채 썰어요.
2. 생미역은 물에 깨끗이 씻어 끓는 물에 10초 정도 데친 뒤 찬물에 헹구세요.
3. 생미역을 10cm 길이로 자른 후 무채를 넣고 돌돌 말아요.
4. 초고추장에 찍어 드세요.

TIP 곰피 말고도 다른 생미역이나 생다시마로도 만들 수 있어요. 무 대신 배, 콜라비 등을 채 썰어 말아 먹어도 좋아요.

두부가 쓰다 남았나요? 얼른 냉동실에 넣고 얼리세요. 그리고 잊고 있다가, 먹을 게 없을 때 꺼내 냉장고에 남은 채소와 함께 볶아 보세요. 뒤처리 음식 아니에요. 어디 내놔도 손색없는 메인 요리랍니다.

언두부볶음

재료 | 2인분
언두부 1모, 브로콜리 100g(½개 정도), 마늘 3톨, 식용유 1큰술
양념 저염간장 1큰술, 참기름 1큰술

이렇게 만드세요

1. 언두부는 꺼내 해동 시킨 후 사방 1.5cm 정도 깍둑 모양으로 썰어요.
2. 브로콜리는 한 입 크기로 자른 후 끓는 물에 10초 정도 데치세요.
3. 마늘을 편으로 썰어 팬에 식용유를 두르고 볶다가 적당히 익으면 두부, 브로콜리순으로 넣어 볶고 마지막에 양념을 넣어 간을 맞추세요.

TIP
늘 먹던 두부인데 묘하게 질감과 맛이 달라졌어요. 쫄깃하고 터프한 맛이랄까. 반찬 없을 때 얼른 만들어보세요. 어떤 재료와도 잘 어울리는 만능 두부요리랍니다.

冬 04

솜씨
뽐낼 수 있는
손님상

+ 굴무밥
+ 족편
+ 톳나물두부무침
+ 팽이버섯전

겨울 재료 모두 모여라~ 다 내가 요리해주마, 하면서 장을 봐왔습니다. 겨울에만 해 먹을 수 있는 요리라서 더 반갑고 귀하게 느껴지요. 조리기구들이 날로 좋아지니 예전엔 진종일 정성들여야 했던 요리들도 이제 손쉽게 만들 수 있지요. 넉넉히 만들어서 나눠 먹으면 솜씨 자랑도 되고요, 모두들, 잘 먹었다 칭찬이 자자할 거에요.

굴무밥

굴이 제철이죠. 굴로 해 먹을 수 있는 요리도 참 많아요. 굴전, 굴무침, 굴국…
하지만 기본은 역시나 굴밥! 굴에 착착 썬 무채를 넣고 밥을 하면 뭐랄까,
고향에 온 것 같은 그런 푸근하고 그리운 맛이 나는 것 같아요.

재료 | 2인분
쌀 2컵, 굴 100g(한 줌 정도), 무 50g(작은 크기 ¼토막 정도),
다시마 1쪽(10×10cm), 물 1¾컵

이렇게 만드세요
1. 쌀은 씻어 10분 정도 불리세요.
2. 굴은 소금물에 휘휘 저어 씻은 후 그대로 건지고, 무는 채를 썰어요.
3. 냄비에 무, 쌀, 다시마, 물을 넣고 밥을 지으세요.
4. 뜸이 들 때 냄비 뚜껑을 열어 밥 위에 굴을 얹으세요.
5. 밥이 다 되면 굴을 아래위로 골고루 섞어준 후 밥을 푸세요.

TIP 무 대신 콩나물을 넣고 밥을 해도 좋아요. 심심하게 만든 양념간장을 곁들이면 더욱 맛있겠지요.

족편

겨울 아니면 해 먹을 수 없는 족편. 요즘은 족도 썰어올 수 있고 압력솥에 네댓 번 끓이면 손쉽게 만들 수 있어서 무척 편해요. 번거롭다 생각 말고 일단 한번 만들어 보세요. 그 쫀득한 족편 맛을 한번 보고 나면 매주 만들게 될지도 몰라요.

재료 | 2인분
돼지족 1개, 생강 1톨
초간장 저염간장 2큰술, 식초 1큰술

이렇게 만드세요

1. 돼지족은 대여섯 쪽으로 자르고 찬물에 2-3시간 담가 핏물을 빼세요.
2. 끓는 물에 족을 넣고 팔팔 끓인 후 물은 버리고 족은 다시 씻어 찬물에 넣고 끓이세요. 이때 생강을 편으로 썰어 넣으세요.
3. 족을 2시간 정도 푹 끓이거나 압력솥에 4번 정도 끓이세요.
4. ③을 냄비 그대로 식힌 후 국물에 뜬 기름을 모두 걷어내고, 고기를 꺼내 뼈를 발라내고 살은 다지세요.
5. 기름기를 걷은 국물에 다진 살을 넣고 유리용기에 부은 후 냉장고 안에 넣으세요. 하룻밤이 지난 후 굳어 단단해지면 썰어서 초간장과 곁들여 내세요.

1

4

5

TIP 족편이 냄새 나지 않고 깨끗하게 되려면 핏물을 완전히 제거하고 생강과 함께 끓여야 해요. 예전엔 네댓 시간씩 고아야 했지만 요즘은 압력솥으로 1시간이면 간편하게 만들 수 있어요.

톳나물두부무침

겨우내 열 번도 더 해 먹는 톳나물두부무침. 완전 맛있어서 혼자만 먹기도 해요. 많이 먹어도 전혀 부담 없는 고단백·저지방·저칼로리 요리랍니다.

재료 | 2인분
톳나물 200g(두 줌 정도), 두부 ½모
양념 소금 ¼작은술, 참기름 2작은술, 다진 마늘 1작은술

이렇게 만드세요

1. 톳은 씻어 끓는 물에 10초 정도 데친 후 찬물에 헹구고, 물기를 거둬 2cm 길이로 자르세요.
2. 두부는 칼날로 곱게 으깨세요.
3. 톳과 두부를 양념에 고루 무치세요.

TIP 보통은 해조류를 초고추장에 무쳐 먹지만 이렇게 두부를 으깨어 무쳐 먹으면 단백질도 보충할 수 있고 해조류 비린내도 잡아줘요. 게다가 고소하고 맛나지요. 겨울철 건강식이랍니다.

팽이버섯전

팽이 송송 썰고 달걀 휘리릭 풀어서 한 수저씩 굽는 초간단 전이지만, 맛은 손 많이 가는 전 못지않지요.

재료 | 2인분
팽이버섯 1봉지, 달걀 2개, 다진 마늘 1작은술, 저염간장 1작은술, 식용유 1큰술

이렇게 만드세요

1. 팽이버섯을 씻어 물기를 거두고 1cm 길이로 잘게 자르세요.
2. 자른 팽이버섯에 달걀을 넣고 잘 섞은 뒤에 다진 마늘과 저염간장을 넣어 간을 맞추세요.
3. 팬에 식용유를 두르고 한 수저씩 떠서 부치세요.

TIP 몸에 좋은 버섯을 많이 맛있게 먹을 수 있는 전이랍니다. 팽이 말고도 새송이, 느타리, 표고, 송이… 어떤 버섯이든 가능해요.

冬05

어르신 오시는날
칭찬 받는
상차림

+ 섭산적구이
+ 비지탕
+ 청국장
+ 풋마늘무침

집에 어르신이 오신다고 하면 젤 먼저 식사 걱정부터 돼요. 신경 써서 차린 듯 정성도 보여드려야 하고 입맛에도 잘 맞아야 하니까요. 그럴 땐 무조건 탕이 하나 오르고요, 그 다음에 제철 나물 한 가지, 거기에 고기 요리 하나면 무난하지요. 장 볼 때 그렇게 염두에 두고 보면 수월해요. 오늘도 미리 칭찬 받을 준비하시고… 자, 갑니다!

섭산적구이

손이 조금 가도 그만큼 맛나는 섭산적. 넉넉히 만들어 냉동실에 넣어 뒀다가 그때그때 해동해서 구워 먹어도 좋아요. 손이 갈수록 맛있다는 그 한결같은 진리를 다시금 확인하게 해주는 요리입니다.

재료 | 2인분
소고기 간 것 200g(두 줌 정도), 두부 으깬 것 200g(두 줌 정도)
양념 저염간장 2큰술, 원당 1큰술, 다진 마늘 1큰술, 후춧가루 약간, 참기름 1큰술

이렇게 만드세요

1. 두부는 곱게 으깨세요.
2. 갈아둔 소고기에 두부와 양념을 넣고 치대세요.
3. ②를 한 덩이씩 덜어내 도마 위에 납작하게 펴고 앞뒤로 칼집을 낸 후 팬에 구우세요.
4. 잘 익은 고기를 가로세로 2cm가 되게 자르세요.

TIP 앞뒤로 칼집을 낸 후 구워야 고기 모양이 잘 부서지지 않는답니다.

비지탕

예전에는 두부 만들고 난 찌꺼기로 해 먹던 찌개지만 요즘은 콩을 그대로 갈아서 끓이니 건강도 맛도 최고네요. 겨울에 먹는 비지탕은 특히 더 고소하고 한결 먹음직스러워요.

재료 | 2인분
대두 ½컵, 얼갈이 100g(한 줌 정도)
양념 새우젓 1작은술, 다진마늘 2작은술

이렇게 만드세요

1. 콩은 씻어 4시간 불리세요.
2. 얼갈이는 씻어 끓는 물에 10초 정도 데친 후 헹궈 물기를 살짝 짜고 3cm 길이로 자르세요.
3. 불린 콩을 껍질째 믹서에 넣고 물을 조금 넣어 곱게 갈아요.
4. 데친 얼갈이를 냄비 밑에 깔고, 갈아둔 콩을 그 위에 부은 후 중약불에서 끓이세요.
5. 다 끓으면 양념을 넣어 간을 맞추세요.

TIP 비지탕을 밥 대신 먹어도 좋지만 너무 심심하다 싶으면 밥을 따로 곁들여 내세요.

청국장

겨울철 아랫목에서 띄우던 그 쿰쿰한 청국장을 어려서는 싫어했지만 지금은 없어서 못 먹지요. 요즘 청국장은 일정한 온도로 띄워서 냄새도 심하지 않아요. 무와 소고기를 넣어 더 맛있는 겨울 별미 청국장입니다.

재료 | 2인분
청국장 50g(작은 팩 1개분), 소고기 50g(반 줌 정도), 무 50g(작은 크기 ¼토막 정도), 두부 ½모, 대파 1대, 다시마국물 2컵(p.58)
양념 고춧가루 1작은술, 다진 마늘 1큰술

이렇게 만드세요
1. 다시마국물에 소고기를 납죽하게 썰어 넣고 끓이세요.
2. 무를 큼직하게 썰어 국물에 넣고 무가 반쯤 익으면 청국장을 풀어 끓이세요.
3. 마지막에 두부, 대파, 양념을 넣고 불을 끄세요.

TIP 청국장에 있는 바실러스균이 몸에 좋잖아요. 너무 오래도록 끓이지 말고 한소끔만 살짝 끓여주세요. 그래야 살아있는 영양을 먹죠.

풋마늘무침

한겨울 채소 하면 미나리, 봄동, 시금치, 움파, 그리고 풋마늘을 들 수 있지요. 추위를 이기는 채소들은 건강하고 생명력 넘치는 먹거리예요. 살짝 간해서 무치면 그대로 특별하답니다.

재료 | 2인분

풋마늘 150g(두 줌 정도)
양념 저염고추장 2작은술, 발효액 1큰술, 식초 1큰술, 다진 마늘 1작은술

이렇게 만드세요

1. 풋마늘은 사이사이 깨끗이 씻으세요.
2. 풋마늘을 3cm 길이로 자른 후 끓는 물에 10초 정도 데치고 찬물에 식혀 물기를 빼세요.
3. 양념을 분량대로 섞어 풋마늘과 조물조물 무치세요.

TIP 고추장 양념도 맛나고요. 간장으로 무쳐도 달고 맛있어요. 늦겨울에 잠시 나오는 재료니까 있을 때 얼른 먹어줘야 해요.

冬 06

남녀노소
다같이 즐기는
서양식 만찬

+ 소고기채소수프
+ 시금치라자냐
+ 구운채소샐러드
+ 당근케이크

방학이 되어 애들이 우르르 몰려와요. 특별하게 맛있는 걸 해주고 싶은데…
하지만 어른 둘도 같이 먹어야 하니 마냥 아이들 입맛에만 맞출 수 없어요. 그렇다면 어른과 아이가 같이
즐길 수 있는 서양식 만찬으로!

소고기채소수프

몸이 아플 때도 한 번씩 끓여 먹는 수프랍니다. 소고기 넣고 각종 채소를 푹 끓여서
향신료로 마무리 하면 호텔식이 부럽지 않아요.

재료 | 2인분

소고기 200g(두 줌 정도), 당근 50g(¼개 정도), 양배추 50g(⅛개 정도),
셀러리 50g(¼개 정도), 양파 ½개, 토마토 1개(없으면 토마토페이스트나 케첩 ½컵),
밀가루 2큰술, 식용유 2큰술, 소금 약간, 후춧가루 약간, 오레가노(혹은 바질) 약간, 물 7½컵

이렇게 만드세요

1. 소고기는 기름기 없는 것을 준비해 깍둑썰기 하세요.
2. 각 채소와 토마토는 모두 큼직하게 마구썰기 하세요.
3. 냄비에 식용유를 두르고 밀가루를 볶으세요.
4. 밀가루가 약간 갈색이 되면 소고기를 넣고 잠시 더 볶다가 나머지 채소들과 토마토(혹은 페이스트나 케첩)를 넣고 볶으세요.
5. 오레가노(혹은 바질)를 넣은 후 물을 붓고 중약불에서 40분 정도 뭉근히 끓이세요(원래의 ½ 분량이 될 때까지).
6. 재료가 무르게 익으면 소금과 후추로 간을 맞추세요.

TIP 한 번 만들 때 넉넉히 만들어 두면 여러 번 맛있게 먹어요. 끓일수록 맛이 더 진해지고 고기는 부드럽게 흐물거려요. 겨울에 몇 번 먹어주면 감기도 몸살도 뚝이랍니다.

시금치라자냐

생치즈 대신 두부를 넣고 시금치를 듬뿍 넣은 라자냐. 어른, 아이 입맛을 동시에
꽉 잡습니다. 이만하면 우리 할머니도 좋아라 하시겠어요.

재료 | 2인분
라자냐누들 6장, 시금치 100g(한 줌 정도), 양파 100g(1개 정도),
소고기 간 것 50g(반 줌 정도), 두부 ½모, 모차렐라치즈 100g(한 줌 정도),
스파게티 소스(시판용) 1컵, 소금 약간, 후춧가루 약간

이렇게 만드세요

1. 라쟈냐누들은 5분 정도 삶은 후 건져 놓으세요.
2. 시금치는 10초 정도 데친 후 다지고, 양파는 굵게 다져 볶은 후 둘을 섞으세요.
3. 소고기는 볶고, 두부는 으깬 후 둘을 섞으세요.
4. 내열용기에 스파게티 소스를 살짝 바르고 라자냐누들을 한 장 깐 후 그 위에 시금치와 양파를 한 겹 얹으세요.
5. 다시 스파게티 소스를 바른 후 라자냐누들을 1장 깔고 그 위에 소고기와 두부를 한 겹 얹으세요.
6. 라자냐누들을 덮은 다음 스파게티 소스를 바르고 모차렐라치즈를 뿌리세요.
7. 200℃로 예열한 오븐에서 20분 정도 구우세요.

> **TIP** 가지라자냐도 만들어보세요. 가지를 편으로 길고 얇게 저며 기름 없는 팬에 구우면 라자냐누들 대신 활용할 수 있습니다. 이렇게 만들면 탄수화물 섭취량을 줄일 수 있지요.

TIP 재료가 남았으면 ④~⑥ 과정을 다시 반복하세요.

구운 채소 샐러드

봄, 여름엔 생샐러드가 좋고요, 가을, 겨울엔 익힌 샐러드가 좋아요. 생채 먹기가 쉽지 않은 겨울엔 구워서 먹는 채소샐러드가 최고랍니다.

1

2

3

재료 | 2인분
고구마 ½개, 감자 ½개, 단호박 ¼개, 양파 ½개, 대파 1대
소스 발사믹식초 1큰술, 식용유 2큰술, 저염간장 1작은술

이렇게 만드세요
1. 각 채소들을 얄팍하게 썰어요.
2. 식용유를 살짝 두른 팬에 채소들을 앞뒤로 잘 구우세요.
3. 뜨거울 때 소스를 뿌려 드세요.

TIP 양파에 이쑤시개를 꽂고 썰면 모양이 고정돼 썰기 편리해요.

당근케이크

케이크 중에서 가장 쉬운, 그래서 가장 먼저 배운 케이크. 바로 당근케이크랍니다. 우선 버터가 필요 없고요, 메인 재료는 당근만 있음 된답니다. 담백하고 촉촉해서 정말 맛있어요.

재료 | 2인분
밀가루 2컵, 식용유 ½컵, 채 썬 당근 2개분, 달걀 2개, 베이킹파우더 1큰술, 베이킹소다 1큰술, 소금 1작은술, 원당 ½컵, 계핏가루 1작은술, 호두 다진 것 ½컵

이렇게 만드세요
1. 달걀과 원당을 잘 섞으세요.
2. 달걀물에 체 친 밀가루, 그리고 당근을 제외한 나머지 재료를 모두 넣고 잘 섞으세요.
3. ②에 채 썬 당근을 넣고 살살 버무려 용기에 담으세요.
4. 180℃로 예열한 오븐에서 1시간 구우세요.

TIP 버터 없이도 쉽게 구울 수 있는 가정식 케이크예요. 당근이 없으면 사과나 애호박을 넣어도 좋아요.

冬07

바깥 음식
당기는 날을
위한 별미

+ 호박오가리떡볶이
+ 된장짜장면
+ 닭안심구이
+ 두부찜

종종 외식도 하고 싶은데… 엄청난 칼로리와 자극적인 조미료, 너무 센 간이 문제지요. 욕심내 먹었다가 속이 부대끼고 종일 물을 들이켜고 며칠간 고생하기도 해요. 가끔 바깥 음식이 당기는 날엔 집에서 만드는 건강 별미들로 식구들 입맛을 사로잡아 보세요.

호박오가리떡볶이

언제 먹어도 맛있는 떡볶이. 하지만 탄수화물만 거의 섭취하게 돼서 문제예요.
게다가 너무 맵고 짜고… 하지만 호박오가리와 마른 버섯들을 풍성하게 넣고
만들면 걱정 끝! 건강 떡볶이의 끝판왕이라 부르겠어요.

재료 | 2인분
호박오가리 50g(반 줌 정도), 미나리 20g(¼줌 정도), 말린 표고버섯 3장, 말린 목이버섯 5장,
떡볶이 떡 200g(두 줌 정도), 물 1컵(소주잔으로), 참기름 1큰술
양념 저염간장 1큰술, 원당 2작은술, 후추 약간

이렇게 만드세요

1. 호박오가리, 말린 표고버섯, 목이버섯은 각각 물에 10분 이상 불린 후 헹구고 물기를 짠 후 볶아 두세요.
2. 떡볶이 떡은 물에 헹군 후 물기를 빼고, 미나리는 깨끗하게 씻은 후 떡볶이 떡 길이에 맞춰 썰어 두세요.
3. 팬에 참기름을 두르고 떡을 볶다가 반쯤 익으면 물을 소주잔으로 1컵 붓고 익히세요.
4. 떡이 다 익으면 호박오가리, 버섯을 넣고 살짝 더 볶은 후 양념을 넣어 간을 맞추세요.
5. 마지막에 미나리를 넣고 살짝 한 번 더 볶으세요.

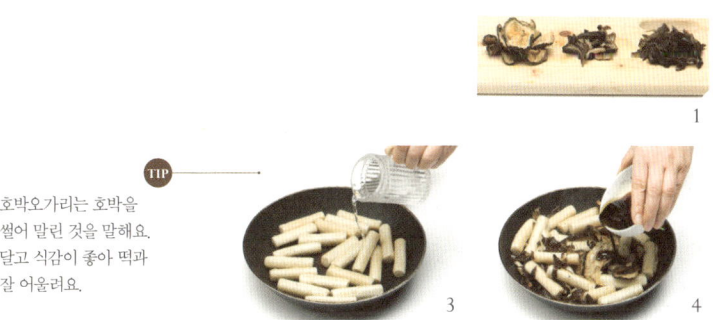

TIP 호박오가리는 호박을 썰어 말린 것을 말해요. 달고 식감이 좋아 떡과 잘 어울려요.

된장짜장면

짜장면에 들어가는 엄청난 양의 조미료와 인공색소. 이젠 짜장면 한 그릇도 먹기 불안해요. 집된장으로 간편히 만들어 보세요. 맛이 없을 것 같다고요? 맛없으면 내 손에 장을 지지리!

재료 | 2인분
돼지고기 100g(한 줌 정도), 감자 1개, 당근 ¼개, 양파 1개,
양배추 50g(⅛개 정도), 대파 1대, 식용유 1큰술, 물 2컵
짜장 소스 저염된장 1큰술, 저염간장 1큰술, 원당 1큰술,
녹말물(녹말가루 3큰술+물 3큰술)

이렇게 만드세요
1. 돼지고기와 각 채소들은 사방 1cm 정도로 썰어요.
2. 냄비에 식용유를 두르고 저염된장을 약한 불에 볶으세요.
3. ②에 고기를 먼저 넣어 볶다가 고기가 거의 익으면 채소를 넣고 볶으세요.
4. 채소가 익으면 물을 자작하게 붓고 끓이세요.
5. 재료가 다 익으면 저염간장과 원당으로 간을 맞추고 마지막에 녹말물을 넣어 농도를 맞추세요.
6. 국수를 삶아 ⑤를 얹어 내세요.

TIP
밥 위에 짜장 소스를
얹으면 맛나는
된장짜장밥이 되지요.

닭안심구이

고기는 먹어야겠고, 기름기는 너무 많고, 건강에는 안 좋다 하고… 찜찜한 게 한두 가지가 아니죠? 걱정 마세요. 닭안심구이를 준비하면 걱정은 말끔히 사라집니다. 가슴살보다 연해 식감도 부드럽고 질 좋은 단백질을 섭취할 수 있어 대만족이랍니다.

재료 | 2인분

닭안심 200g(두 줌 정도), 대파 1대, 식용유 1큰술
양념 저염간장 1큰술, 원당 2작은술, 생강즙 1작은술, 후춧가루 약간

1

이렇게 만드세요

1. 닭안심은 찬물에 씻은 후 양념에 30분 이상 재워두세요.
2. 팬에 식용유를 두르고 재워둔 닭안심을 구우세요.
3. 대파를 채 썬 후 찬물에 한 번 헹구고 물기를 빼세요.
4. 구운 닭안심과 대파채를 곁들여 내세요.

2

3

TIP 닭고기와 생강은 궁합이 아주 잘 맞는답니다.

두부찜

두부선이라는 복잡하고 어려운 요리를 간단하게 변형시켜봤어요.
닭고기 다져넣고 달걀 풀어서 찜통에 찌면… 오우! 이거 뭐야? 뭔데 이렇게 맛있어?

재료 | 2인분
두부 1모, 닭안심 100g(한 줌 정도), 달걀 2개
양념 소금 약간, 후춧가루 약간, 다진 마늘 1작은술,
참기름 1작은술, 생강즙 1작은술

이렇게 만드세요

1. 닭살은 곱게 다지고 두부는 으깨세요.
2. ①을 달걀물과 잘 섞고 양념을 분량대로 넣어 간을 하세요.
3. 내열용기에 담고 김 오른 찜기에서 20분간 찌세요.

TIP
두부와 닭고기가 들어가 영양가 만점, 맛도 최고! 식감이 부드러워 노인과 어린이에게 좋고요, 소화도 아주 잘 된답니다.

冬 08

겨울의
끝자락에
차리는 밥상

+ 호박범벅
+ 보리새우지짐
+ 시래기들깨찜
+ 뚝배기달걀찜

겨울이 가고 있네요. 날씨가 한결 풀린 것이 조금 있음 봄소식이 올 것 같아요.
고구마와 시래기, 늙은 호박도 이제 바닥이 보여요. 남은 재료들이 다 없어지기 선에 한 번 더 맛난 요리를
해 먹어야죠! 이 겨울이 지나가면 금세 또 겨울이 그리워질 테니까요.

호박범벅

저는 겨울이 되면 호박범벅을 들통에 한가득 끓여 두고 먹어요.
그러다 손님 오면 한 그릇 퍼주고 싸주고… 그 많던 범벅이 바닥을 보이면 아쉬워하면서
또 호박을 꺼냅니다. 한 통 더 끓여 놓지 뭐, 하면서요.

재료 | 2인분

단호박 1개, 고구마 2개, 삶은 팥 1컵, 찹쌀가루 ½컵, 물 1컵,
원당 약간

이렇게 만드세요

1. 고구마는 씻어 껍질째 깍둑썰기 하고, 팥은 삶아 놓으세요.
2. 단호박은 껍질을 벗긴 후 큼직하게 썰고, 물을 넉넉히 넣고 익히세요.
3. 단호박이 익으면 국자로 눌러 거칠게 조각을 내고 고구마와 팥을 넣은 후 한소끔 더 끓이세요.
4. 재료가 다 익으면 찹쌀가루와 물을 섞어 부어가면서 끈적해질 때까지 조금 더 끓이세요.
5. 기호에 따라 원당을 조금 넣어도 좋아요.

TIP 시골스러운 범벅이지만 뚝배기보다 장맛이라고 정말 맛이 좋아요. 뜨겁게 먹어도 차게 먹어도 그만이죠.

보리새우지짐

마이 페이버릿! 민물새우에 무를 넣고 푹 지지면, 무는 무대로 새우는 새우대로 정말 맛있어요. 정신없이 먹다 보면 한 냄비 다 먹고 혼자 깜짝 놀라죠. 어, 이거 다 어디 갔어?

재료 | 2인분
무(월동무) 300g(½개 정도), 보리새우 50g(반 줌 정도), 다시마 1쪽(10×10cm)
양념 액젓 1큰술, 고춧가루 2작은술, 다진 마늘 2작은술, 생강 간 것 1작은술

이렇게 만드세요

1. 무는 씻어 큼직하게 썰어요.
2. 보리새우를 씻어 무와 함께 냄비에 넣고 물을 자작하게 부으세요. 이때 다시마 한 조각을 같이 넣으세요.
3. 무와 새우를 끓이다가 무가 익으면 양념을 분량대로 섞어 넣고 푹 끓이세요.

TIP
무는 그 자체로 시원한 맛이 나기 때문에 어떤 재료와도 잘 어울려요. 특히 해산물과 잘 어울리는데 민물새우를 넣고 끓이면 이보다 더 시원할 수 없어요.

시래기들깨찜

언젠가 이 요리를 잡지에 소개했는데, 기자가 실수로 '쓰레기들깨찜'이라고 게재한 바람에 배꼽 빠지게 웃었어요. 들깨찜이라니요! 그것도 쓰레기… 푸하하하! 시래기로 푹 지진 찜. 얼마나 맛나는데, 미리 한 번 먹어봤다면 그런 실수는 절대 하지 않았을 텐데 말이에요.

재료 | 2인분
불린 시래기 400g(네 줌 정도), 다시마국물 4컵(p.58)
양념 저염된장 1큰술, 들깨가루 3큰술, 고춧가루 1큰술, 다진 마늘 1큰술, 들기름 2큰술, 다진 파 2큰술

이렇게 만드세요

1. 시래기는 물에 3~4시간 정도 담갔다가 그 물에 1시간 삶으세요. 그 물에 그대로 식힌 다음 깨끗이 씻어 물기를 빼세요.
2. 불린 시래기는 4cm 길이로 자르세요.
3. 시래기에 양념을 분량대로 넣은 후 간이 골고루 배게 주물러 주세요.
4. 냄비에 시래기를 담고 다시마국물을 붓고 푹 끓이세요. 국물이 자작하게 줄어들 때까지 조리세요.

TIP 시래기 말린 상태에 따라 삶는 시간도 약간 달라져요. 만져서 시래기가 부드럽게 느껴질 때가 다 삶아진 상태예요. 삶은 물을 버리지 말고 그대로 담가둔 채 식히면 더 부드러워져요.

뚝배기달걀찜

가장 쉬우면서 가장 어려운 뚝배기달걀찜! 물 조절, 간 조절, 불 조절…
쉬워 보이지만 사실은 고수의 요리랍니다. 비법을 귀띔하자면 쌀뜨물을 넣으면 식감이
더욱 부드러워지고 달걀 비린내도 잡아줘요. 이제부턴 쌀뜨물, 버리지 말자고요!

재료 | 2인분
달걀 2개, 쌀뜨물 1컵, 새우젓 ¼작은술, 다진 파 1큰술,
다진 마늘 1큰술

이렇게 만드세요
1. 달걀을 잘 풀어 쌀뜨물과 섞으세요.
2. 달걀물을 체에 한 번 내리세요.
3. 뚝배기에 담은 후 새우젓과 다진 마늘을 넣어 슴슴하게
   간을 맞추고, 다진 파를 올린 다음 약한 불에 올려 7분
   정도 익히세요.

1

2

3

TIP
달걀찜이 은근히 실패하기 쉬운
메뉴지요? 달걀물에 마요네즈 한
숟가락 첨가해보세요. 마요네즈에
들어있는 유화제 성분이 달걀을
포근하게 쪄줍니다.
밥 없이 달걀찜만 먹어도
든든하고 맛있어요.

05

매일매일 맛있는, 사계절. 저염밥상.

매일매일 먹는

평범한 한 끼의 밥상도

가만 들여다보면

하루하루

우리 생명을 유지시켜주고 살리는

고마운 밥상이지요.

특별한 날, 특별한 별미 음식도 좋지만

사실은 매일 먹는 밥상이 건강해야지요.

자주 해 먹는 밥과 반찬부터

저염식으로 맛있게 해 먹는다면

나도 모르는 사이에

건강한 생활이 지켜지겠지요.

김치, 국, 찌개, 밑반찬

한국 사람들이 가장 자주, 잘 해 먹는 밥상부터

저염식으로 바꿔보세요.

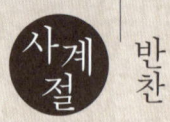
사계절 반찬

콩조림은 어떤 콩으로든 만들 수 있는데요, 특히 생땅콩을 이용하면 고소하고 달콤해서 아주 맛나답니다. 미역이나 다시마는 많이 먹으면 좋다는 걸 알고 있기는 해도, 왠지 얼른 손이 안 가는 식재료지요. 하지만 우리 몸의 산성을 알카리성으로 바꿔주는 미네랄이 풍부한 해조류, 자주 먹어야 해요. 조물조물 간단하게 무쳐주면 오늘의 맛있는 해조류 반찬, 생미역초무침 뚝딱입니다.

땅콩조림

재료 | 2인분
생땅콩 1컵, 물 2컵
양념 저염간장 2큰술, 조청 3큰술, 발효액 1큰술, 참기름 1큰술, 통깨 약간

이렇게 만드세요
1. 생땅콩은 씻어 물에 한 번 끓이고 물을 버리세요.
2. 냄비에 다시 물을 붓고 양념을 넣어 조리세요.
3. 국물이 거의 없어지면 불을 끄고 참기름과 통깨를 뿌리세요.

> **TIP** 일반 콩으로 만들 경우에는 콩을 씻어 3~4시간 불리고, 냄비에 콩과 물을 넣어 익힌 후 양념을 넣고 조리면 돼요. 아몬드나 호두 등 다른 견과류를 활용해도 좋아요.

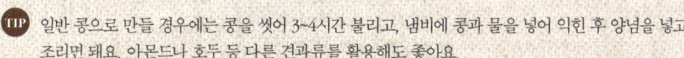

생미역초무침

재료 | 2인분
생미역 150g(한 줌 반 정도)
양념 저염고추장 1작은술, 고춧가루 1작은술, 식초 1큰술, 발효액 1큰술, 생강즙 1작은술

이렇게 만드세요
1. 생미역은 씻어서 끓는 물에 10초 정도 데치고 찬물에 헹군 후 물기를 꼭 짜세요.
2. 데친 미역을 먹기 좋게 작은 크기로 자른 다음 양념을 넣고 무치세요.

사계절 반찬

막김치

재료 | 1~2주 먹을 분량
배추 1통, 무 1개, 대파 3대, 쪽파 100g(한 줌 정도), 부추 100g(한 줌 정도),
소금물(물 5컵+소금 3큰술)
양념 고춧가루 1컵, 양파 1개, 마늘 20톨, 생강 1톨, 발효액 ¼컵, 액젓 3큰술,
엷은 찹쌀풀죽 3컵(물 3컵+찹쌀가루 3큰술)

이렇게 만드세요

1. 채소들은 씻어 물기를 빼세요. 배추는 한 입 크기로 썰고 무도 나박하게 썰어요. 대파는 송송 썰고 쪽파와 부추는 3cm 길이로 썰어요.
2. 소금물에 채소들을 넣고 30분~1시간 정도 절이세요. 중간에 한두 번 뒤집어 주세요.
3. 양념 재료를 믹서에 모두 넣고 갈아주세요.
4. 절인 배추와 무, 파를 그대로 건져서 갈아놓은 양념에 살살 버무리세요.
5. 버무린 김치를 통에 담고 실온에서 하루 익힌 후 냉장고에 보관하며 드세요.

막김치는 마구 썰어 담았다고 해서 막김치예요. 슴슴하게 간을 맞추고 국물 자박하게 담가 1~2주 분량씩 만들어 먹으면 딱 좋아요.

콜라비깍두기

재료 | 1~2주 먹을 분량
콜라비 2개, 대파 2대, 쪽파 100g(한 줌 정도), 소금 2큰술
양념 고춧가루 ½컵, 발효액 4큰술, 액젓 4큰술, 다진 마늘 2큰술,
생강 간 것 1작은술

이렇게 만드세요
1. 콜라비는 깨끗이 씻은 후 깍둑썰기 하고 소금을 뿌려 30분간 절이세요.
2. 대파는 씻은 후 송송 썰고 쪽파는 3cm 길이로 썰어 놓으세요.
3. 콜라비가 절여지면 물기를 뺀 뒤에 양념으로 버무리세요.
4. 통에 콜라비를 담고 실온에서 하루 익힌 후 냉장고에 보관하며 드세요.

오이나 당근으로 깍두기를 만들어 먹어도 맛있지요. 매일 무심하게 먹는 깍두기, 재료를 조금만 바꿔줘도 이렇게나 색달라집니다.

사계절 | 반찬

달걀말이

재료 | 2인분
달걀 4개, 다시마국물 3큰술(p.58), 다진 채소(부추, 양파, 당근, 파 등) 4큰술,
식용유 1큰술
양념 액젓 1작은술, 청주 1큰술

이렇게 만드세요

1. 달걀을 잘 풀어 체에 내린 후 다시마국물, 다진 채소와 양념을 넣고 잘 저으세요.
2. 팬에 식용유를 두르고 달걀물을 부은 후 반드시 약한 불에서 조금씩 익혀가며 돌돌 말아주세요.

두부조림

재료 | 2인분
두부(부침용) 1모, 식용유 1큰술
양념장 다시마국물 ¼컵(p.58), 저염간장 1큰술, 저염고추장 1큰술, 발효액 1큰술,
다진 마늘 2작은술, 다진 파 1큰술, 참기름 1큰술, 통깨 약간, 후춧가루 약간

이렇게 만드세요

1. 두부는 단단한 것으로 준비해서 도톰하게 썰어 놓으세요.
2. 팬에 식용유를 두르고 두부를 앞뒤로 노릇하게 부치세요.
3. 냄비에 부친 두부를 담고 양념장을 골고루 끼얹은 후 뚜껑을 열고 서서히 조리세요.

절대 실패하지 않는 맛있는 달걀말이 만드는 비법을 알려드릴게요. 달걀을 체에 한 번 내리고 다시마국물, 액젓, 청주를 넣으면 부드럽고 비린내 나지 않는 달걀말이를 만들 수 있답니다. 두부조림, 안 짜고 맛있게 만드는 레시피도 기억해두세요. 그나저나 우린 두부, 달걀 없으면 뭘 먹고 살았을까요?

사계절 | 반찬

어떤 생선으로도 만들 수 있는 생선조림! 의외로 쉽고 간단해요. 앞으론 염장한 생선 대신 생물 생선을 가볍게 조려서 먹어봐요. 만들기도 편하고 생선 본래의 담백한 맛을 즐길 수 있답니다. 생선 밑에 무나 시래기, 감자 등을 깔고 조리면 채소도 많이 먹을 수 있어 좋아요. 시절마다 나오는 제철 생선을 휘뚜루마뚜루 취향대로 골라 생선조림을 만들어 보세요.

생선조림

재료 | 2인분
계절 생선 1마리(400g 정도), 무 300g(⅓개 정도), 대파 1대, 다시마국물 1컵(p.58)
양념장 저염간장 2큰술, 고춧가루 1큰술, 조청 1큰술, 발효액 2큰술, 생강즙 1큰술

이렇게 만드세요

1. 생선은 다듬어서 먹기 좋게 자른 후에 씻어주세요.
2. 무는 씻은 후 도톰하게 썰고 대파도 어슷하게 썰어요.
3. 냄비에 무를 깔고 생선을 얹은 후 다시마국물을 붓고 양념장을 골고루 끼얹은 후 조리세요.

사계절 반찬

버섯불고기

재료 | 2인분
소고기(불고기용) 300g(세 줌 정도), 버섯 150g(한 줌 반 정도), 대파 1대, 양파 ½개
양념 저염간장 2큰술, 원당 1큰술, 후춧가루 약간, 다진 마늘 2작은술, 청주 1큰술

이렇게 만드세요
1. 버섯은 편으로 썰거나 한 입 크기로 찢으세요. 대파는 어슷하게 썰고 양파는 굵직하게 채 썰어요.
2. 소고기와 채소들, 양념을 잘 섞은 후 30분 이상 재워두세요.
3. 팬을 달구고 고기와 채소를 같이 볶아주세요.

돼지두루치기

재료 | 2인분
돼지앞다리살 300g(세 줌 정도), 깻잎 50g(10장 정도), 양파 ½개,
부추 30g(⅓줌 정도)
양념 저염고추장 1큰술, 저염간장 1큰술, 조청 1큰술, 발효액 1큰술, 생강즙 1큰술, 다진 마늘 2작은술, 참기름 2작은술

이렇게 만드세요
1. 깻잎과 양파는 잘 씻은 후 채 썰고, 부추는 4cm 길이로 자르세요.
2. 돼지고기에 양념을 넣고 잘 주무른 후 30분 이상 재워두세요.
3. 달군 팬에 돼지고기를 굽고 썰어둔 채소들을 넣어 살짝 볶아 내세요.

한국을 대표하는 불고기. 하지만 너무 달고 짜서 사실 우리 음식 같지가 않아요. 버섯 듬뿍 넣어 쫄깃하고 맛깔스러운 버섯불고기를 만들어보세요. 삼삼하게 간을 맞추면 우리 입에 더 잘 맞는 불고기가 완성된답니다.

기사식당 제일 단골메뉴는 돼지두루치기라지요? 하긴 돼지두루치기 좋아하는 사람이 기사님들뿐일까요. 아이, 어른 누구나 좋아하는 돼지두루치기, 기름기 없는 앞다리나 뒷다리살을 이용해 보세요. 고기는 담백하고 양념은 살짝 매콤하니 더욱 맛있어요. 아, 이제 외식은 안 할래요.

사계절 반찬

김치찌개 안 짜게 끓이기 쉽지 않아요. 이때 쌀뜨물을 넣어주면 짠맛이 중화된답니다. 된장국은 뭐든 넣어도 맛있지요. 아욱, 근대, 시금치, 무, 양파… 특히 배추속대로 끓인 배추된장국은 정말이지 버터 냄새가 나요. 정말 맛있는 음식에선 버터 맛이 난다는 거 혹시 아시나요? 어릴 적 소고기무국 한 그릇에 밥 말아 먹고 학교에 가면 하루 종일 배 속이 든든하고 뿌듯했던 기억도 나네요. 시원하고 담백한 어머니 손맛 같은 추억의 무국. 국은 역시 소고기무국이죠.

소고기무국

재료 | 2인분
소고기 200g(두 줌 정도),
무 300g(⅓개 정도),
다시마 1쪽(10×10cm), 대파 1대
양념 저염간장 1큰술,
다진 마늘 1큰술, 후춧가루 약간

이렇게 만드세요

1. 물에 1시간 이상 담가 핏물을 뺀 소고기를 찬물에 넣고 끓이세요. 무는 나박하게 썰어 두세요.
2. 물이 끓기 시작하면 무를 넣고, 고기가 익으면 고기는 꺼내 얄팍하게 썰어요. 이때 국물의 기름도 걷어내세요.
3. 썬 고기를 제 국물에 다시 넣고, 다진 마늘과 대파를 넣고 끓이다가 마지막에 저염간장과 후추로 간을 한 후 불을 끄세요.

김치찌개

재료 | 2인분
저염김치 ¼포기 (p.334), 쌀뜨물 4컵, 두부 ¼모, 들기름 1큰술, 국물용 멸치 10개

이렇게 만드세요
1. 저염김치를 한 입 크기로 썰어요.
2. 쌀뜨물에 김치와 멸치를 넣고 끓이다가 김치가 물러지면 두부와 들기름을 넣고 한소끔 더 끓이세요.

배추된장국

재료 | 2인분
다시마멸치국물 3컵 (p.58), 저염된장 2큰술, 배추 150g (한 줌 반 정도), 대파 1대, 청고추 2개, 다진 마늘 2작은술

이렇게 만드세요
1. 채소들을 씻어 먹기 좋게 썰어 두세요.
2. 다시마멸치국물에 된장을 푸세요.
3. 국물이 끓기 시작하면 배추를 넣고 끓이다가 마지막에 파와 고추, 다진 마늘을 넣은 다음 한소끔 끓이세요.

사계절 반찬

매운탕

매운탕은 우리가 가장 많이 해 먹는 생선요리라 할 수 있지요. 하지만 짜고 맵고, 과하게 자극적인 것이 바로 또 매운탕. 약간 싱겁게 매운탕을 끓여보세요. 재료들의 맛을 하나하나 느낄 수 있고, 생선 자체의 단맛과 감칠맛이 우러나와 더욱 맛있답니다.

재료 | 2인분
생태(혹은 대구, 민어, 우럭, 조기, 방어 등) 1마리, 무 100g(⅛개 정도), 미나리(혹은 쑥갓) 50g(반 줌 정도), 대파 1대, 두부 ¼모, 다시마 1쪽(10×10cm), 다시마국물 6컵(p.58)
양념 고춧가루 2큰술, 저염간장 1큰술, 액젓 1큰술, 다진 마늘 1큰술, 생강 1쪽

이렇게 만드세요

1. 생선을 손질한 후 큼직하게 썰고 물에 씻으세요. 대파는 어슷하게 썰고 두부, 미나리는 먹기 좋게 썰어 두세요.
2. 다시마국물이 끓으면 무를 넣고, 무가 익기 시작하면 생선을 넣으세요.
3. 생선이 거의 익으면 양념을 넣고 대파와 두부, 미나리를 넣은 후 불을 끄세요.

조개탕

재료 | 2인분
조개(껍질째로) 200g(두 줌 정도), 무 100g(⅛개 정도), 부추 30g(⅓줌 정도), 다시마국물 6컵(p.58), 소금 약간, 해감용 소금물 1컵(물 2컵+소금 2큰술)

이렇게 만드세요

1. 조개는 소금물에 1~2시간 정도 담가 해감을 시키세요.
2. 무는 나박하게, 부추는 3cm 길이로 썰어두세요.
3. 다시마국물을 끓이세요. 국물이 끓으면 무를 넣고, 다시 끓어오르면 조개를 넣으세요.
4. 조개가 입을 벌리면 부추를 넣고 불을 끈 후 소금으로 간을 싱겁게 맞추세요.

조개탕은 해장국으로도 그만이지요. 조개에는 간에 좋은 타우린 성분이 많이 들어 있고 조개 특유의 시원함과 감칠맛이 쓰린 속을 달래주지요. 무와 부추를 넣으면 나트륨을 낮출 수 있어 더욱 좋아요. 철마다 두세 번은 꼭 끓여 먹어야 직성이 풀려요.

春 | 봄나물

돌나물

재료 | 2인분
돌나물 150g(한 줌 반 정도)
초고추장 저염고추장 1작은술,
고춧가루 1작은술,
다진 마늘 1작은술,
발효액 2작은술, 식초 2작은술,
원당 2작은술

이렇게 만드세요

1. 돌나물은 깨끗이 다듬은 후 물에 씻고 물기를 빼세요.
2. 먹기 직전에 초고추장에 무치세요.

숙주나물

재료 | 2인분
숙주 150g(한 줌 반 정도), 식용유 1작은술
양념 소금 ¼작은술, 참기름 2작은술,
다진 마늘 2작은술, 다진 파 1큰술,
깨소금 약간

이렇게 만드세요

1. 숙주는 깨끗이 씻어 끓은 물에 식용유를 넣고 10초 정도 데치세요. 기름 넣고 데치면 물 빠짐이 적어져요.
2. 데친 숙주를 찬물에 헹구고 물기를 뺀 후 양념을 넣고 무치세요.

살림 좀 하는 주부들도 한결같이 나물 요리가 제일 손이 많이 가고 힘들다고들 하세요. 맞아요. 손이 많이 가는 게 나물이죠. 하지만 번거로워도 어쩔 수 없어요. 나물 요리는 그만큼 맛나고 몸에 좋으니까요.

미나리나물

재료 | 2인분
미나리 150g(한 줌 반 정도)
초고추장 저염고추장 2작은술, 원당 2작은술,
식초 1큰술, 다진 마늘 2작은술, 다진 파 1큰술,
깨소금 약간

이렇게 만드세요

1. 미나리는 깨끗이 다듬은 후 물에 씻고 끓는 물에 10초 정도 데치세요.
2. 데친 미나리를 재빨리 찬물에 헹구고 물기를 짠 후 4cm 길이로 자르세요.
3. 먹기 직전에 초고추장에 무치세요.

참나물

재료 | 2인분
참나물 150g(한 줌 반 정도), 소금 ¼작은술
양념 저염간장 2작은술, 다진 마늘 2작은술,
다진 파 1큰술, 참기름 2작은술,
깨소금 약간

이렇게 만드세요

1. 참나물은 깨끗이 다듬은 후 물에 씻고 물기를 빼세요.
2. 끓는 물에 소금을 넣고 참나물을 10초 정도 데친 후 찬물에 헹구세요.
3. 데친 참나물의 물기를 뺀 후 4cm 길이로 자르고 양념에 무치세요.

夏 여름나물

저는 나물 욕심이 특히나 더 있어서, 맛난 제철 나물을 위해서라면 새벽이라도 팔 걷어붙이고
나간답니다. 계절마다 나오는 싱싱한 나물을 최소한의 양념으로 무치면, 나물 고유의 향을 그대로
느낄 수 있어요.

오이나물

재료 | 2인분
오이 1개, 소금 1작은술
양념 고춧가루 2작은술, 식초 1큰술,
원당 2작은술, 다진 마늘 2작은술, 다진 파 1큰술

이렇게 만드세요
1. 오이는 깨끗이 씻어 길게 반으로 가르고 어슷하게 썰어요.
2. 얇게 썬 오이에 소금을 넣고 15분 정도 절인 후 손으로 물기를 짜고 양념에 무치세요.

얼갈이나물

재료 | 2인분
얼갈이 200g(두 줌 정도)
양념 저염된장 2작은술, 다진 마늘 2작은술,
다진 파 1큰술, 참기름 1큰술, 깨소금 약간

이렇게 만드세요
1. 얼갈이는 씻은 후 끓는 물에 30초 데치고 물에 헹군 뒤에 4cm 길이로 자르세요.
2. 자른 얼갈이의 물기를 손으로 꼭 짜고 양념을 넣어 무치세요.

가지나물

재료 | 2인분
가지 1개
양념 저염간장 2작은술, 식초 1큰술,
참기름 1큰술, 고춧가루 2작은술,
다진 마늘 2작은술, 다진 파 1큰술

이렇게 만드세요
1. 가지는 씻어 반으로 가르고 찜통에 김이 오르면 5분간 찌세요.
2. 찐 가지를 한 입 크기로 찢은 후 양념에 무치세요.

애호박나물

재료 | 2인분
애호박 1개, 소금 1작은술
양념 새우젓 1작은술, 참기름 1큰술,
다진 마늘 2작은술, 다진 파 1큰술

이렇게 만드세요
1. 애호박은 반달 모양으로 썰고 소금을 뿌려 두세요.
2. 애호박을 15분 정도 절여서 물기가 배어 나오면, 물에 얼른 헹구고 살짝 짜세요.
3. 팬에 애호박과 양념을 넣고 볶으세요.

秋 | 가을나물

봄나물은 새콤달콤하게, 여름나물은 소금과 간장으로 슴슴하게, 가을과 겨울나물은 된장과 들기름으로 고소하게… 아, 생각만 해도 웃음이 나요.

무나물

재료 | 2인분
무 300g(⅓개 정도), 소금 1작은술
양념 생강 간 것 ½작은술,
소금 ¼작은술

이렇게 만드세요
1. 무는 채 썰어 냄비에 넣고 소금을 뿌린 후 15분 정도 절이세요.
2. 절인 무가 담긴 냄비를 그대로 불에 올린 후 양념을 넣고 익히세요.
3. 5~7분 정도 익힌 후 그대로 식히세요.

느타리버섯나물

재료 | 2인분
느타리버섯 200g(두 줌 정도)
양념 참기름 1큰술, 소금 약간, 다진 마늘 2작은술,
다진 파 1큰술, 깨소금 약간, 후춧가루 약간

이렇게 만드세요
1. 느타리는 씻은 후 끓는 물에 10초 정도 데치고 손으로 물기를 살짝 짜세요.
2. 느타리가 크면 먹기 좋게 찢고, 작으면 그대로 두세요.
3. 팬에 참기름을 두른 후 데친 느타리와 나머지 양념들을 넣고 살짝 볶으세요.

콩나물

재료 | 2인분
콩나물 150g(한 줌 반 정도), 물 1컵(소주잔으로)
양념 저염간장 1작은술, 다진 마늘 1작은술,
다진 파 1큰술, 참기름 2작은술

이렇게 만드세요
1. 콩나물을 씻은 다음 냄비에 담고 물을 넣은 후 뚜껑을 닫고 익히세요.
2. 물이 끓기 시작한 후 5분 지나면 불을 끄고 2분 정도 뜸을 들이세요.
3. 익힌 콩나물을 꺼내 양념에 무치세요.

도라지나물

재료 | 2인분
도라지 150g(한 줌 반 정도)
양념 저염고추장 2작은술, 원당 2작은술, 식초 1큰술,
다진 마늘 2작은술, 다진 파 1큰술, 발효액 2작은술

이렇게 만드세요
1. 도라지는 껍질을 벗기고 길게 4등분 하세요.
2. 자른 도라지를 소금에 살살 비벼 씻은 후 물에 30분간 담가 쓴맛을 빼세요.
3. 도라지의 물기를 손으로 살짝 짠 뒤에 양념에 무치세요.

冬 |겨울나물

철마다 어쩌나 나물에 손길 눈길 발길이 가는지 원! 그나저나 오늘은 무슨 나물을 무쳐 먹을까요?

호박고지나물

재료 | 2인분
불린 호박고지 200g(두 줌 정도), 들기름 1큰술,
다시마국물 3큰술(p.58)
양념 저염간장 1작은술, 소금 ¼작은술,
다진 마늘 2작은술, 다진 파 1큰술, 들깨가루 1큰술

이렇게 만드세요

1. 말린 호박고지는 찬물에 얼른 씻고 물에 10~15분 정도 담가두세요(불린 호박고지는 헹궈서 바로 쓰세요).
2. 호박고지에 물기가 골고루 배면 손으로 꼭 짜고 양념에 무친 다음 30분 정도 두세요.
3. 호박고지에 간이 배면 냄비에 들기름을 두르고 볶다가, 어느 정도 익으면 다시마국물을 넣고 조금 더 볶아내세요.

시래기나물

재료 | 2인분
불린 시래기 300g(세 줌 정도), 들기름 1큰술,
다시마국물 ½컵(p.58)
양념 저염된장 1큰술, 고춧가루 2작은술,
다진 마늘 1작은술, 다진 파 1큰술

이렇게 만드세요

1. 불린 시래기는 깨끗이 씻어 물기를 짜고 4cm 길이로 자르세요.
2. 시래기에 양념을 넣고 골고루 주물러 간이 배게 하세요.
3. 냄비에 들기름을 두르고 시래기를 볶다가, 어느 정도 익으면 다시마국물을 넣고 푹 익을 때까지 볶아주세요.

고사리나물

재료 | 2인분
불린 고사리 200g(두 줌 정도), 식용유 1큰술
양념 저염간장 1큰술, 다진 마늘 2작은술,
다진 파 1큰술, 참기름 2작은술, 깨소금 약간

이렇게 만드세요

1. 마른 고사리는 1~2시간 물에 담갔다가 제물에 30분간 삶은 후 찬물에 헹구고 물에 30분간 담가두세요(불린 고사리는 헹궈서 바로 쓰세요).
2. 손질한 고사리를 꺼내 물기를 짜고 길이 4cm 정도로 자른 다음 양념에 무치세요.
3. 팬에 식용유를 두르고 고사리를 볶으세요.

시금치나물

재료 | 2인분
시금치 150g(한 줌 반 정도),
소금물(물 3컵+소금 1큰술)
양념 저염간장 2작은술, 다진 마늘 2작은술,
다진 파 1큰술, 참기름 2작은술, 깨소금 약간

이렇게 만드세요

1. 시금치는 뿌리를 자르고 다듬은 후 씻으세요.
2. 끓는 소금물에 시금치를 10초 정도 데친 후 찬물에 헹구고 손으로 물기를 짜세요.
3. 데친 시금치를 양념에 무치세요.

선물용 음식

맛있는 걸 만들어 좋은 사람들에게 선물해 보세요.
밑반찬이나 잼, 말랭이 등을 만들어 예쁘게 찬통에 담아주면 열이면 열,
모두 고마워해요. 맛있는 음식을 선물하는 기쁨, 같이 나누고 싶네요.

잼 포도잼+딸기잼+귤잼+키위잼

재료 | 원하는 만큼
과일 적당량(포도, 딸기, 귤, 키위),
원당(과일 양의 ½)

이렇게 만드세요

1. 과일은 깨끗이 씻어 물기를 빼고 믹서에 갈아요.
2. 갈아낸 과일에 원당을 넣고 약한 불에서 서서히 조리세요.
3. 끈적끈적하게 잼이 만들어지면 깨끗한 유리병에 담으세요.

선물용 음식

하루는 살림하랴 일하랴 늘 바빠서 지쳐있는 선배에게 밑반찬 몇 가지를 만들어 선물했더니 그만 감동해서 울더라고요. 너무 힘들어서 일을 포기하려던 참이었다고요. 하지만 그 반찬을 먹고 힘을 내서 지금은 성공한 커리어우먼이 되었지요. 하하하!

떡갈비

재료 | 2인분
소고기 간 것 600g(여섯 줌 정도), 식용유 1큰술
양념 저염간장 3큰술, 원당 1큰술, 참기름 1큰술,
후춧가루 약간, 다진 마늘 2작은술

이렇게 만드세요

1. 소고기에 양념을 넣고 끈기가 생길 때까지 치대세요.
2. ①을 4등분 한 후 넓적하게 펴고 잔칼집을 위아래로 넣으세요.
3. 팬에 식용유를 두른 후 앞뒤로 구우세요.
4. 가로세로 2×2cm가 되도록 자르세요.

무말랭이무침

재료 | 2인분
무말랭이 500g(다섯 줌 정도),
찹쌀풀 3큰술(찹쌀 1작은술+물 3큰술)
양념 고춧가루 3큰술, 액젓 1큰술, 조청 2큰술,
다진 마늘 1큰술, 발효액 1큰술, 참기름 1큰술,
통깨 약간

이렇게 만드세요

1. 무말랭이는 가볍게 찬물에 씻은 후 30분간 물에 담갔다가 건져 물기를 빼세요.
2. 엷은 찹쌀풀에 양념을 넣어 골고루 섞은 후 무말랭이에 넣고 무치세요.

김장아찌

재료 | 2인분
김(김밥용) 10장, 통깨 약간
양념장 다시마국물 ½컵(p.58),
저염간장 4큰술, 원당 1큰술, 청주 1큰술,
참기름 1큰술

이렇게 만드세요

1. 김은 가로세로 3×3cm로 잘라놓으세요.
2. 양념장을 끓인 후 한 김 빼고, 잘라놓은 김 위에 부으세요.
3. 김에 양념장이 모두 스며들면 통깨를 뿌리세요.

장조림

재료 | 2인분
소고기홍두깨살 600g(여섯 줌 정도)
양념 저염간장 4큰술, 원당 1큰술, 마른 고추2개,
통후추 10알, 생강 1톨, 청주 2큰술

이렇게 만드세요

1. 홍두깨살은 4등분 한 후 찬물에 30분간 담가 핏물을 빼세요.
2. 냄비에 물을 넉넉히 넣고 홍두깨살, 마른 고추, 통후추, 생강, 청주를 넣고 끓이세요.
3. 물이 끓은 후 20분이 지나면 저염간장과 원당을 넣고 물이 자작해질 때까지 20~30분 더 조리세요.
4. 익힌 고기가 식으면 결대로 찢고, 제 간장국물에 넣으세요.

 선물용 음식

말랭이 <u>묵말랭이 + 무말랭이 + 호박고지 + 곶감 + 고구마말랭이</u>

재료 | 원하는 만큼
감, 호박고구마, 애호박, 무, 묵 적당량

이렇게 만드세요

1. 늦가을이나 초겨울 볕이 좋을 때 각 재료를 썰어서 햇볕에 말리세요.
2. 곶감은 껍질을 벗긴 후 실에 매달아 말리세요.
3. 호박고지는 애호박을 썰어 실에 꿴 후 매달아 말리세요.
4. 묵말랭이는 묵을 새끼손가락 굵기로 썰어 채반에 널어 말리세요.
5. 무말랭이는 무를 채칼에 친 후 채반에 널어 말리세요.
6. 고구마말랭이는 호박고구마를 찐 후 먹기 좋게 썰어 채반에 말리세요.

TIP 얇게 썰면 3일 정도면 충분히 말라요. 수분이 제거되고 딱딱해지면 잘 마른 거예요.

볕 좋은 날, 맛난 식재료들 모아서 말리고 조리고 담아 선물해 보세요. 값으로 따지면야 몇 푼 안 되지만 다들 정성을 알아차려주니 마음이 참 푸근해진답니다.

찾아보기

ㄱ
가지나물 349
가지밥 169
간장드레싱 63
간장비빔국수 264
감식초 57
감자경단 202
감자밥 186
강된장채소비빔밥 144
겨자드레싱 63
고구마말랭이 358
고구마순무침 209
고기국물 59
고등어얼갈이조림 228
고사리나물 353
고춧잎나물 259
곶감 358
과일식초 57
구근찜 224
구운채소샐러드 314
굴무밥 298
굴잼 355
김장아찌 357
김치찌개 343
깻잎나물 229
꽈리고추멸치볶음 199

ㄴ
나트륨 배출 재료 65
냉메밀국수 180

노각나물 172
녹차약식 270
느타리버섯나물 351
늙은호박전 266

ㄷ
다시마가루 56
다시마국물 58
다시마멸치국물 58
단호박찜 219
달걀말이 337
달래차돌박이무침 78
닭가슴살카레조림 234
닭겨자냉채 168
닭안심구이 322
닭찜 262
당근샐러드 159
당근초무침 165
당근케이크 315
대추차 247
더덕들깨구이 76
도라지나물 351
도라지잣무침 127
돌나물 346
돼지두루치기 340
된장두부드레싱 63
된장짜장면 320
두릅초밥 100
두부조림 337

두부찜 323
들깨가루 56
딸기잼 355
땅콩조림 333
떡갈비 357
뚝배기달걀찜 329

ㅁ
마구이와 꿀 134
마늘종무침 121
막김치 334
말랭이 358
맛탕 243
매생이굴떡국 287
매실발효액 61
매운탕 344
맥적구이와 파무침 258
머윗대들깨볶음 176
메밀전병 278
멸치가루 56
멸치무조림 252
멸치무침 259
목이버섯샐러드 210
무나물 351
무나물생채 218
무말랭이 358
무말랭이무침 357
무선 230
묵말랭이 358

묵탕 216
미나리나물 347
미나리청포묵무침 84
미나리편육냉채 284
미역된장냉국 158

ㅂ
바나나케이크 138
발사믹식초 57
발효액 61
발효액차 131
밤설기 246
배추된장국 343
배추샐러드 236
배추찜 222
버섯들깨탕 231
버섯불고기 340
보리밥 175
보리새우지짐 327
보리싹전 101
봄나물샐러드 81
봄나물죽 96
봄동무침 106
부추조개전 94
비지탕 305

ㅅ
신아초발효액 61
상추나물 147
새우젓볶음밥 118

새우해초무침 115
생미역초말이 294
생미역초무침 333
생선조림 339
서리태콩국수 150
섭산적구이 304
소고기무국 342
소고기채소수프 310
소라무침 102
송화밀수 139
수박나물 198
수정과 271
숙주나물 346
시금치겉절이 281
시금치나물 353
시금치라자냐 312
시래기나물 353
시래기들깨찜 328
쑥갓두부무침 198
쑥갓조기찜 88
쑥미숫가루 135
쑥발효액 61
쑥콩설기 130

ㅇ
애호박나물 349
애호박선 162
양배추겉절이 187
양배추찜밥 114
양파김치 177
양파드레싱 63
어채 120
언두부볶음 295
얼갈이나물 349
연근밥 253

연근사태찜 124
연근우엉냉채 267
연근전 108
열무무침 182
열무비빔국수 164
오곡죽 211
오디발효액 61
오미자발효액 61
오이나물 349
오이백소박이 203
오이선 152
오이지무침 236
오이토마토무침 186
오징어만두 286
오징어통구이 250
요구르트드레싱 63
우럭매운탕 196
우뭇가사리깻국탕 192
우엉밥 89
우엉양념구이 103
우엉조림 97

ㅈ
잔멸치밥 109
장김치 280
장조림 357
잼 355
저염간장 55
저염고추장 55
저염된장 55
저염드레싱 63
저염쌈장 55
저염채소장아찌 183
조개감자수프 112
조개미역국 107

조개탕 345
족편 299
주꾸미마늘종볶음 86
죽순꼴뚜기밥 80
죽순해물냉채 92

ㅊ
참깨드레싱 63
참나물 347
채소국물 59
채소전 159
채식육개장 242
청국장 306

ㅋ
케일쌈밥 126
코다리양념구이 292
콜라비깍두기 335
콩나물 351
콩나물밥 237
콩장 225
키위잼 355

ㅌ
토란곤약찜 208
토마토두부냉채 146
톳나물두부무침 300

ㅍ
팥죽 276
팽이버섯전 301
편육과일냉채 240
포도잼 355
표고가루 56
표고버섯찜 214

풋고추잡채 156
풋고추튀김 181
풋마늘무침 307
피망닭고기볶음 174

ㅎ
현미식초 57
호박고지 358
호박고지나물 353
호박만두 190
호박범벅 326
호박오가리떡볶이 318
홍합버섯죽 290
황태두부전골국 256

윤혜신의 맛있는 저염밥상

초판　1쇄 2014년 5월 26일
개정판 1쇄 2020년 9월 1일
　　　　3쇄 2023년 7월 7일

지은이　윤혜신

발행인　박장희
부문대표　정철근
제작총괄　이정아
편집장　조한별
마케팅　김주희, 한륜아, 이나현

사진　CL Studio 정영주(vaselinej@gmail.com)
스타일링　푸드 스튜디오 사이간 이윤혜
스타일링 어시스트　조수민
요리 어시스트　송지연
디자인　변바희, 아트퍼블리케이션 디자인 고흐

발행처　중앙일보에스(주)
주소　(03909) 서울시 마포구 상암산로 48-6
등록　2008년 1월 25일 제2014-000178호
문의　jbooks@joongang.co.kr
홈페이지　jbooks.joins.com
네이버 포스트　post.naver.com/joongangbooks
인스타그램　@j__books

ⓒ윤혜신, 2014~2020
ISBN 978-89-278-1148-0　13590

* 이 책은 저작권법에 따라 보호받는 저작물이므로 무단 전재와 무단 복제를 금지하며,
  이 책 내용의 전부 또는 일부를 이용하려면 반드시 저작권자와 중앙일보에스(주)의 서면 동의를 받아야 합니다.
* 잘못된 책은 구입처에서 바꾸어 드립니다.
* 책값은 뒤표지에 있습니다.

중앙북스는 중앙일보에스(주)의 단행본 출판 브랜드입니다.

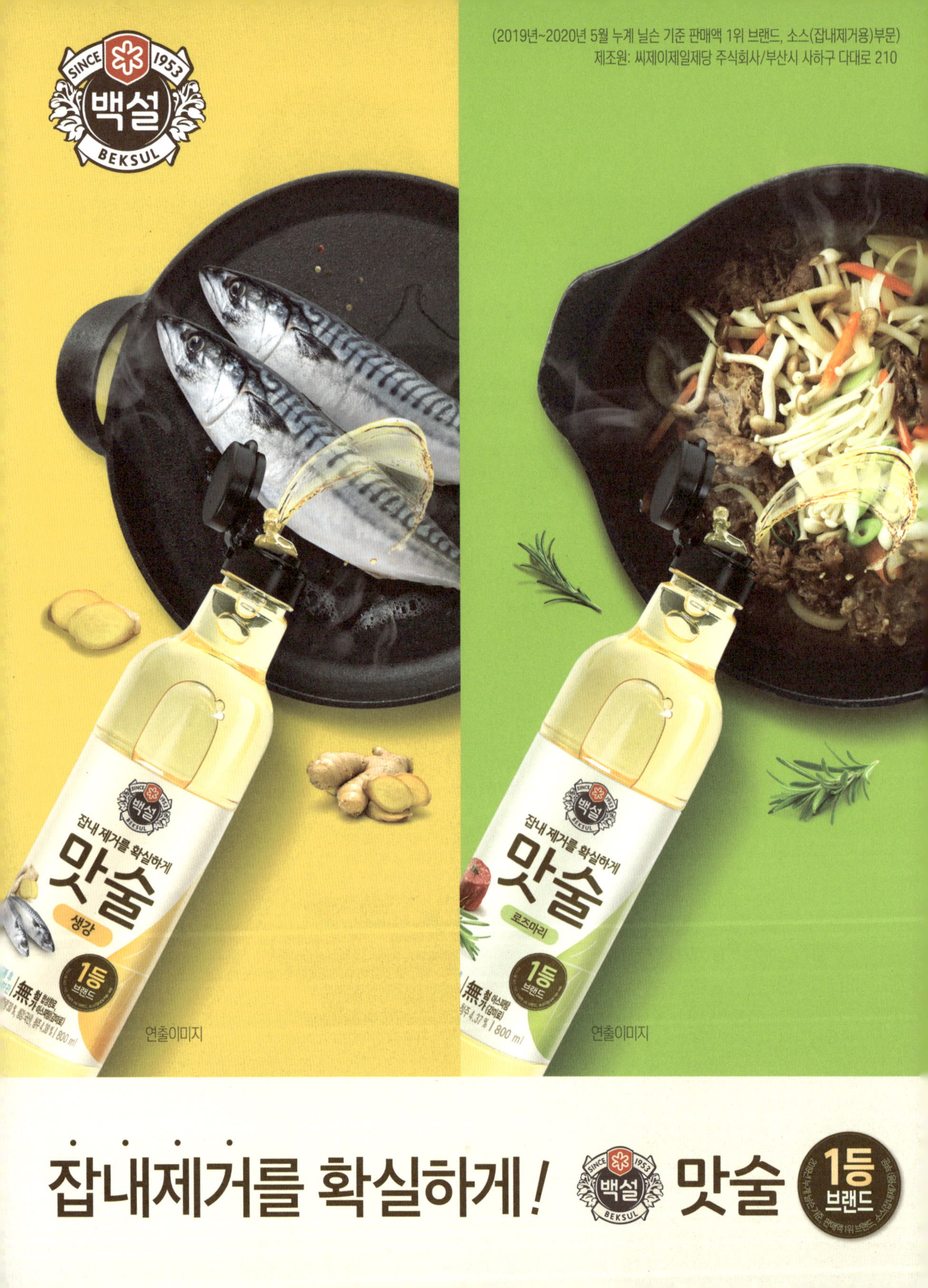
(2019년~2020년 5월 누계 닐슨 기준 판매액 1위 브랜드, 소스(잡내제거용)부문)
제조원: 씨제이제일제당 주식회사/부산시 사하구 다대로 210
SINCE 1953
백설
BEKSUL
잡내 제거를 확실하게
맛술
생강
1등 브랜드
연출이미지
잡내 제거를 확실하게
맛술
로즈마리
1등 브랜드
연출이미지
잡내제거를 확실하게!
백설
맛술
1등 브랜드